¡El Gran Reajuste!

La Verdad sobre la Agenda 2021-2030, las Nuevas Variantes de Covid, Las Vacunas Y el Futuro el Separatismo Médicos

-

¡Control Mental - Dominación Mundial - Esterilización Expuesta!

Rebel Press Media

Descargo de responsabilidad

1

Nuestros otros libros

Consulte nuestros otros libros para ver otras noticias no divulgadas, hechos expuestos y verdades desacreditadas, y mucho más.

Únase al exclusivo Círculo de Medios de Comunicación de Rebel Press.

Todos los viernes recibirás en tu bandeja de entrada nuevas actualizaciones sobre la realidad no denunciada.

Inscríbase hoy aquí:

https://campsite.bio/rebelpressmedia

Introducción

El hombre transhumano se integrará en un sistema de control digital global, "Biosensor nanotecnológico implantable en 2021 en las vacunas Covid-19".

El brazo de desarrollo tecnológico del Pentágono, DARPA, y la Fundación Bill y Melinda Gates están colaborando con la empresa tecnológica Profusa en el desarrollo de un biosensor nanotecnológico implantable hecho de hidrogel (sustancia similar a una lente de contacto blanda). Este biosensor, más pequeño que un grano de arroz, puede inyectarse junto con una vacuna y se aplica justo debajo de la piel, donde se funde realmente con el cuerpo. El componente nanotecnológico permite controlar a distancia toda la información sobre uno mismo, su cuerpo y su salud a través de 5G. Se espera que el biosensor, que también puede recibir información y órdenes, sea aprobado por la FDA a principios de 2021, justo a tiempo para la campaña mundial de vacunación contra Covid-19.

DefenseOne ya escribió en marzo sobre este biosensor de hidrogel, que "se inserta bajo la piel con una aguja hipodérmica. Entre otras cosas, contiene una molécula especialmente diseñada que envía una señal fluorescente una vez que el cuerpo comienza a combatir una infección. La parte electrónica adherida a (/en) la piel detecta esta señal, y entonces envía una alerta a un médico, un sitio web o una agencia gubernamental. Es como un laboratorio de sangre en la piel que puede detectar, incluso antes de que haya otros síntomas como la tos, la respuesta del cuerpo a la enfermedad".

Por lo tanto, no es difícil adivinar por qué este sensor puede ser considerado de gran importancia por la élite en la (supuesta) lucha contra el Covid-19. Cualquiera que tenga este biosensor -inamovible- inyectado en su cuerpo será puesto en cuarentena por el gobierno a la menor infección, y puede ser objeto de otras medidas coercitivas, incluso si la persona en cuestión no está enferma en absoluto, ni muestra ningún síntoma de ello.

Un biosensor monitoriza todas las funciones del cuerpo y las transmite vía 5G

Al utilizar el hidrogel, el biosensor no será visto por el cuerpo como un intruso y atacado, sino que se integrará en él. Además, según la empresa, el sensor no solo puede detectar infecciones, sino también controlar los niveles de oxígeno y glucosa en la sangre, así como los niveles hormonales, el ritmo cardíaco, la respiración, la temperatura corporal, la vida sexual, las emociones... en definitiva, TODO. A través del 5G, toda esta información podrá transmitirse pronto a todas las autoridades médicas y políticas.

Profusa está llevando a cabo un estudio con el Imperial College, también financiado por Bill Gates, que se hizo tristemente célebre por sus ridículas predicciones catastrofistas sobre el Covid-19, que pronto resultaron ser totalmente falsas. Sin embargo, en ellas se basaron los cierres, el distanciamiento social y la destrucción parcial de la economía y la eliminación de muchas libertades civiles asociadas.

Los humanos transhumanos se integrarán en el sistema de control digital global

El biosensor, que podría incorporarse a las vacunas Covid-19 ya en 2021, está muy cerca de hacer realidad la aspiración de un humano transhumano, en el que todo el mundo sea totalmente controlable e incluso dirigible. El "nuevo humano", o el humano 2.0 tal y como lo concibe la élite tecnológica en torno a Bill Gates y Elon Musk, se transformará gradualmente en una especie de cíborg de aquí a 2025-2030, y se convertirá en parte integrante -y por tanto irreversible- de un sistema de control digital global, en el que habrán desaparecido por completo las libertades personales, e incluso el libre albedrío humano.

No en vano lo llamamos el sistema de "la Bestia". Por primera vez en la historia, la tecnología ha avanzado hasta el punto de que las profecías bíblicas sobre el "signo de la Bestia" pueden llevarse a cabo y cumplirse plenamente.

Este libro es una recopilación de nuestros artículos publicados anteriormente y nuevos artículos para exponer las vacunas con el contexto adecuado, en relación con temas como la despoblación y el control mundial por la élite globalista, si desea saber más sobre temas como el gran reinicio, le aconsejamos que lea nuestros otros libros también, y los comparta con todos sus seres queridos.

Queremos llegar al mayor número de personas posible, por eso seguimos publicando nuestros contenidos, para asegurarnos de que si un título es ignorado, el otro sigue recibiendo la atención que estos temas necesitan.

Si queremos ganar esta guerra contra la humanidad, tenemos que informar a todo el mundo sobre la realidad de lo que está ocurriendo ahora mismo.

Índice de contenidos

Capítulo 1: Agenda 21

El Estado-nación, la libertad y tu voz están siendo completamente destruidos" - "Sólo la resistencia masiva puede detener esta agenda antihumana, que ya se está aplicando

Café Weltschmerz ha publicado una entrevista con un reconocido experto norteamericano sobre la Agenda 21, que puede resumirse como una toma de poder que acabará colocando al mundo entero bajo una dictadura comunista tecnocrática, en la que los individuos y los pueblos no tendrán nada que decir, ni siquiera sobre su propia salud y sus vidas. Con el engaño de la pandemia del miedo de Covid-19, ha comenzado la siguiente fase de este golpe de facto contra nuestra libertad, democracia y derecho a la autodeterminación. Por eso, el Café Weltschmerz no pone debajo "La agenda oculta detrás de la destrucción de nuestra sociedad" por nada, una destrucción que también están llevando a cabo deliberadamente los gobiernos del mundo.

El periodista independiente Spiro Kouras (Activist Post) entrevistó a la directora ejecutiva del Instituto Post Sostenibilidad, Rosa Koire, una experta en el uso de la tierra y los derechos de propiedad que ha dado discursos por todo el mundo. Su trabajo se puede encontrar en el sitio web Demócratas Unidos contra la Agenda 21 de la ONU, un sitio web al que no se podía acceder en el momento de escribir este artículo.

Koire es también autor del libro "Behind the Green Mask - UN Agenda 21". La Agenda 21 fue firmada por 178 países y el Vaticano en 1992. Con esta agenda, una élite de poder globalista quiere obtener el control total de toda la tierra, el agua, la vegetación, los minerales, la construcción, los medios de producción, los alimentos y la energía. La aplicación de la ley, la educación, la información y las propias personas también deben quedar bajo este control total.

Agenda 2030: paso intermedio en la destrucción del Estado-nación y la libertad

Además, hay que trasladar grandes sumas de "dinero" de los países desarrollados a los menos desarrollados. En última instancia, se trata de destruir su capacidad de tener una voz, un gobierno representativo". Los gobiernos nacionales se convierten en administraciones. 'Se está destruyendo por completo tu capacidad de ser libre e independiente. El objetivo es transferir el poder de las personas locales e individuales a un sistema global de gobierno... Es un plan para desbaratar y destruir el sistema existente. Es un plan de transformación y control, y eso es lo que estamos viviendo ahora'.

La Agenda 2030 es sólo un paso intermedio de la Agenda 21, al igual que 2020, 2025 y 2050. Para 2050, con la ayuda y el apoyo de grandes nombres globalistas como Ford, Rockefeller, Soros, Gates, Zuckerberg, Musk, el Papa, y por último, pero no menos importante, Rothschild, este pérfido plan debe ser completado. Para 2050, todos los estados-nación deben ser abolidos, y la población mundial concentrada en una serie de megaciudades que pueden abarcar estados y países enteros (al igual que los Países Bajos, junto con Bélgica y el Ruhr alemán, se convertirá en una gran ciudad).

'Esto está destinado a aplastar tu capacidad de controlar lo que te sucede. Es un plan global, pero se está aplicando localmente con diferentes nombres". Esto se hace deliberadamente para desviar la atención de la gente de los verdaderos objetivos.

En realidad, todo lo que se denomina "verde" y "desarrollo sostenible" está incluido en la Agenda 21. Esto incluye el "cambio climático", es decir, todos los acuerdos e iniciativas sobre el clima, y ciertamente Covid-19 . Una crisis global requiere una respuesta global", es su idea. Y eso justifica una gobernanza global".

El cambio climático y la corona p(l)andémica "están diseñados para que la gente entre en pánico, tan grave que literalmente temes no sobrevivir". Según Koire, ni siquiera es relevante si realmente existe una crisis climática. Funciona tan bien, que se habría inventado de todos modos (de hecho, se ha inventado, concebido, a principios de los años 90, lo que está literalmente escrito en los documentos de la ONU).

El "Gran Reinicio (Verde)

Skouras señala entonces el "Gran Reajuste (Verde)" lanzado en el Foro Económico Mundial de Davos. Koire responde que "no quiere ser alarmista", pero que le preocupa mucho que este "reseteo" se esté llevando a cabo sin tener en cuenta el coste para las personas y la sociedad. Sin embargo, se están quedando detrás de su máscara verde, porque una vez que ésta se quita, salen las botas y las trincheras de los soldados". Literalmente. Ver también nuestro artículo del 4 de diciembre de 2019: 'La ONU puede usar la fuerza militar contra los países que se nieguen a la agenda climática' (/ 'La ONU puede meter medidas extremas en la garganta de los pueblos' - Los participantes en la conferencia climática de Madrid quieren acuerdos duros para acabar con la prosperidad y la libertad en Europa).

Hemos llegado a un punto en el que a los gobernantes apenas les importan las objeciones y preocupaciones de la gente. Es una especie de mensaje de ellos hacia nosotros, de que ya no les importamos realmente". Parece que ya no hay mucho que podamos hacer al respecto, pero Koire cree que aún es posible.

La tecnología ha avanzado hasta el punto de que dos grandes objetivos, la vida eterna y el poder crear la vida uno mismo, se han acercado mucho. Esta gente no tiene límites éticos, y eso es muy preocupante. Lo vimos con los nazis, con Stalin y ahora. No hay literalmente nada que detenga a esta gente'.

Todo y todos estarán conectados digitalmente

En la "cuarta revolución industrial" que han puesto en marcha, todo y todos estarán conectados digitalmente. Se habla de un nuevo contrato social. Bueno, en un contrato, normalmente ambas partes tienen algo que decir al respecto. Pero este es un contrato en el que ninguno de nosotros puede opinar... Esta es una de las razones por las que vemos toda esta histeria en las calles. Es porque es una lección, una comunicación para nosotros: esto es lo que os pasa si salís a la calle y os atrevéis a enfrentaros a nuestro plan".

La gente me pregunta: ¿quién nos está haciendo esto? Es vuestro gobierno. Su gobierno ha sido tomado". Con la ayuda de grupos y movimientos como Antifa y Black Lives Matter, se está intentando provocar un levantamiento. Estamos bajo ataque'. Esta fue la razón por la que Koire dio la espalda al Partido Demócrata. 'Pero los partidos son sólo una distracción. En la cima, el poder no conoce partidos. En esta toma de poder globalista, se están utilizando todos los medios posibles. El plan es perturbar y desbaratar, y eso es lo que todo el mundo está viendo ahora. Este es el plan para destruir la cohesión social, y eso tiene mucho éxito".

Califica la situación actual de 'extremadamente peligrosa' porque este plan está apoyado por universidades, fundaciones, empresas y organismos gubernamentales. 'Todas estas partes han sido adoctrinadas, desde el jardín de infancia hasta la educación universitaria. Estos son los 'agentes del cambio' que se han activado'.

Transformación" = demolición del individuo

La palabra mágica más utilizada es "transformación", tanto de la educación como de la economía, la policía y la sociedad. En realidad, la transformación consiste en la ruptura del individuo, de su alianza con cualquier sistema "antiguo", como su familia, sus "viejos" pensamientos o su fe... Se trata de una técnica psicológica que realmente rompe tu personalidad, y luego la reconstruye (según sus nuevas normas)".

El término "racismo institucional", también utilizado por el Gobierno europeo, es "sólo una excusa para destruir literalmente tu mente". Mao Zedong lo utilizó, Sung lo utilizó y los nazis también. Es una técnica mediante la cual se

13

descompone tu personalidad, para reconstruirte como el nuevo ser humano, el nuevo ciudadano del mundo".

El humano debe fusionarse con la I.A.

En este proceso también entra en juego la I.A. (inteligencia artificial). Viene una fuerza policial (global) de I.A., no formada por humanos. Además, en algún momento los drones dejarán de estar controlados por humanos, sino por la I.A. 'No hace falta que explique que entonces se produce una situación realmente peligrosa'. Nueva Zelanda acaba de lanzar oficialmente su primer policía con Inteligencia Artificial, y en Singapur ya están utilizando robots inteligentes para imponer el distanciamiento social.

Skouras: "Se trata esencialmente de una agenda antihumanitaria, en la que quieren fusionar al ser humano con la máquina (IA)".

Según las medidas de Covid-19, todo el mundo ha sido declarado enemigo potencial de los demás. La idea es que ya no confíes ni siquiera en tus familiares y amigos más cercanos. Al mismo tiempo, también se está degradando nuestra salud, lo que, según Koire, es una parte muy importante del plan Agenda 21. Este es el plan para inventariar y controlar todo, incluido tu ADN (de ahí la insistencia del gobierno en que el mayor número posible de personas se someta a la prueba del Covid-19, lo que permitirá tomar tu ADN y almacenarlo inmediatamente)".

Con tu "estatus de crédito social", como en China y pronto en EEUU y Europa, tienes que "demostrar" que eres un ciudadano leal y obediente que es "digno" de seguir viviendo en el nuevo orden. El sistema, por supuesto, lleva tiempo haciendo esto favoreciendo a ciertas personas con talento, que luego el resto tiene que pagar. El sistema chino se va a extender por todo el planeta.

Vacuna de despoblación

"Los chinos también acordaron en los años 90 trabajar con EE.UU. en una vacuna de despoblación". ¿Lo llevaron a cabo? ¿Existe ahora esa vacuna, y se está "vendiendo" a la humanidad bajo un nombre diferente (quizás una vacuna Covid-19?)? En cualquier caso, "la despoblación es una parte esencial del plan". Si se determina que no tienes suficiente valor, y/o estás ocupando demasiado espacio, usando demasiada energía, demasiada agua, demasiada tierra, entonces debes ser 'aislado' y reubicado.

La gran mayoría de la humanidad se verá obligada a vivir en megaciudades ("multiculturales"), donde cada aspecto de nuestras vidas será controlado y gestionado 24/7/365. Este plan te quitará literalmente toda la libertad. Y no se trata de un plan para el futuro, sino que es algo que ya está ocurriendo ahora mismo. Por lo tanto, esto no es sólo en 2030 o 2050. 2020 es realmente un año muy importante. Muchos de estos planes se están aplicando ahora a nivel regional".

El Dr. Mike Yeadon, ex vicepresidente de Pfizer, dijo en una entrevista con la Fundación Corona Ausschuss de Alemania hace poco menos de dos semanas: "Hemos sido engañados masivamente por nuestros líderes y sus asesores. Lo que voy a contar va a sorprender a todo el mundo". Yeadon advirtió que la constante "recarga" de vacunas Corona, como parece ser la intención ahora (la "suscripción de vacunas", como la llamamos en su día el año pasado) no sólo es totalmente innecesaria, sino que pone en peligro la vida, porque todas estas vacunas no pasarán por el proceso normal de aprobación. 'Se inyectarán secuencias genéticas directamente en los brazos de cientos de millones de personas... Esto podría causar lesiones graves y la muerte en una proporción significativa de la población mundial".

El inmunólogo y experto en órganos respiratorios Yeadon - que, por cierto, lleva unos 10 años alejado de Pfizer- dijo que el "gran número de muertes" tras las vacunas corona "no es una coincidencia". Calificó de "arrogante" por parte de los fabricantes de vacunas el hecho de suponer que estas nuevas vacunas, que instruyen al organismo para que produzca una proteína en forma de pico del virus de la corona, no causarían grandes problemas, porque los estudios científicos ya habían demostrado el peligro de que esta tecnología provocara una respuesta (auto)inmune demasiado fuerte en muchas personas, lo que podría hacerlas enfermar gravemente o incluso matarlas. Los últimos tres meses han demostrado que efectivamente es así.

Todas estas vacunas genéticas (Pfizer-AstraZeneca-Moderna) representan un riesgo de seguridad fundamental para la población", advirtió.

Debido a la mala conexión, el Dr. Reiner Füllmich, uno de los responsables del comité alemán, resumió lo que había dicho. 'Según el Dr. Yeadon, lo que está ocurriendo ahora es un crimen muy grave, cometido por 'malos actores', nuestra propia élite política y autoproclamada 'científica'... La proteína de la espiga es biológicamente activa, y es precisamente replicada por las vacunas. Esto provoca una reacción autoinmune, como una tormenta de citoquinas.

Varios miles de personas ya han muerto por esta causa en Europa. En Israel, incluso 40 veces más personas mayores de 80 años y 260 veces más jóvenes han muerto ya por la vacuna que por la Covid-19. De todos los demás países recibimos informes similares".

'Todas las vacunas estimulan a tu cuerpo para que produzca esa proteína de punta, y eso no es algo bueno para ti... Es biológicamente activa, inicia procesos biológicos y hace que ciertas funciones corporales se vean totalmente alteradas o incluso destruidas', repitió Yeadon.

Los efectos de las vacunas pueden aparecer después de días, semanas, meses o incluso años

Depende del sistema inmunitario de la persona y de la reacción de sus células a las instrucciones genéticas el que estos efectos se produzcan inmediatamente, a corto plazo, o sólo a medio o largo plazo. Por lo tanto, las personas que se vacunan ahora y dicen que "no pasará nada" no están seguras. Los efectos pueden producirse mañana, el mes que viene, el año que viene o incluso al cabo de unos años. Si yo fuera una institución (médica), dejaría de suministrar estas vacunas", subrayó Yeadon.

Mientras tanto, decenas de millones de europeos y más de 100 millones de estadounidenses ya han sido inyectados con ellas, y no parece que los políticos vayan a considerar siquiera si estas "vacunas" empaquetadas como ingeniería genética son realmente tan "seguras" como afirman los fabricantes.

A continuación, el Dr. Füllmich reiteró las palabras de Yeadon de que las "vacunas" que se dispensan ahora no son en realidad vacunas, sino "algo completamente diferente. Sólo se clasifica como vacuna porque se utiliza como tal". Sin embargo, no son vacunas, sino sustancias que equivalen a una terapia genética, a una manipulación genética. Lo peor es que un gran número de efectos secundarios (graves) pueden no estar relacionados con estas sustancias, precisamente porque se utilizan falsamente como "vacunas".

El primer paso es la concienciación, el segundo: actuar".

¿Aún podemos detener esto? La concienciación es el primer paso de la resistencia", dice Koire. La acción es el segundo paso". La gente tiene que entender que ahora estamos condicionados a permanecer pasivos, y a pensar que si pulsamos "me gusta" en las redes sociales, somos políticamente activos. Pero no eres un activista político si no sales de tu casa'. De ahí todos estos cierres y distanciamientos sociales - quieren declarar ilegal e imposible de antemano la oposición masiva a este plan de demolición y control total de la Agenda 21.

'Y no digas que tu gobierno es tan malo que no puedes hacer nada al respecto. Seguro que lo parece, pero es porque has dejado que llegue hasta aquí. No mejorará si dejas que esto continúe. Por eso creemos que realmente necesitas "ocupar" tu gobierno (ocupar, también "tomar", "ocupar" u "ocupar"). Ser tu gobierno. Sí, estamos en el Juego Final, y no queda mucho tiempo. Así que deberías haber hecho esto hace tiempo".

La gente tiene que empezar a reconocer la Agenda 21, incluso en su propia localidad y región. Plantea el tema en tu ayuntamiento. Habla continuamente con los representantes del pueblo sobre ello. Probablemente todos los puntos del

18

orden del día de tu ayuntamiento estén relacionados con la Agenda 21". Aconseja a la gente que consulte su página web y lea su libro para que "descubras cómo manipulan la opinión pública, para que no les causes problemas. Quieren que te quedes en casa en tu silla'.

Así que actúa, habla con la gente y los funcionarios, reparte folletos, comparte vídeos, escribe y publica sobre ello. Porque ya no basta con saber que esto ocurre, sin hacer nada al respecto. Hay que volverse políticamente activo y estar preparado para no asumir todo de inmediato'. Por ejemplo, quieren empezar a sustituir la realidad por la RV (realidad virtual), porque haría la vida mucho más divertida. 'Pero en cuanto empiezas a hacer eso, tu vida se acaba. Así que hay que resistirse'.

No crea en Wikipedia, la Agenda-21 es una agenda antihumana

'Dondequiera que trabajes, dondequiera que estés, habla de esto'. A mucha gente no le gustará eso, y no le gustará (más). Pero que así sea, porque este plan es real, y se está aplicando ahora mismo, nos guste o no. La 'Agenda 21' NO es lo que dice la Wikipedia. NO es voluntaria, y no es 'no vinculante'. Para ti, este plan es obligatorio.... Así que luchemos juntos contra esto. Todos debemos oponernos".

Lo venden como algo que mejorará y salvará el mundo, el clima, el medio ambiente. Pero (la Agenda 21 / 2030) es una agenda antihumana que se está aplicando ahora mismo. No queremos seguir ese camino oscuro, ese camino hacia la tiranía".

19

Un memorando falso predice un cierre permanente en unas semanas

Un supuesto memorando del gobierno británico indicaría que el país entrará en bloqueo permanente tan pronto como 3 semanas o en agosto porque -a pesar de las vacunaciones masivas- se espera una "tercera ola" con la variante Delta de la India principalmente. El documento, cuya autenticidad no puede confirmarse y que muy probablemente es falso*, habría sido redactado por el infame alarmista Dr. Neil M. Ferguson, desacreditado por sus modelos de pandemia completamente desacreditados del año pasado, en los que predijo al menos medio millón de muertes sólo en Gran Bretaña.

Capítulo 2: La locura del ARNm

'Esto es una bomba de relojería mundial: CUALQUIER individuo vacunado acabará sufriendo efectos perjudiciales, y la autopsia de las personas vacunadas confirma que el ARNm y las proteínas de las espigas se trasladan a todos los órganos", afirma un especialista en enfermedades infecciosas.

Varias investigaciones científicas han desacreditado decisivamente la afirmación de que las vacunas Covid-19 sólo residen en el tejido muscular, que ha persistido durante meses. Ahora, una autopsia de una persona vacunada fallecida revelaría que las instrucciones genéticas del ARNm, similares a la proteína de la espiga creada por las vacunas, se propagaron por todo el cuerpo a todos los órganos. "Esto significa que, en última instancia, CUALQUIER persona vacunada experimentará graves efectos secundarios", dijo un horrorizado médico de enfermedades infecciosas de Nueva Jersey que no quiso ser identificado por temor a represalias.

Dado que este ARNm ha convertido a las personas vacunadas en "fábricas de picos" permanentes, los efectos serán casi con toda seguridad irreversibles. Como resultado, concluye, "esto es una bomba de relojería mundial".
La autopsia de un hombre vacunado con Covid se considera la primera de este tipo, ya que revela que el "ARN viral" se identificó en prácticamente todos los

órganos del hombre fallecido de 86 años 24 días después de su inyección.

Cuando no hay Covid y la prueba es negativa, se produce un ADE por una combinación letal de vacuna y virus.

El estado de salud del hombre se deterioró después de su primera inyección de Pfizer, el 9 de enero, y tuvo que ser hospitalizado al cabo de 18 días. No presentaba ningún síntoma clínico de Covid, y su prueba también resultó negativa.

Como resultado, no se descubrió en su cuerpo "ninguna anomalía morfológica relacionada con el Covid", según el informe post-mortem.

El anciano de 86 años se contagió del Covid de otro paciente de la unidad, según las autoridades médicas, pero la autopsia muestra que los daños en sus órganos se produjeron antes de su ingreso. Eso deja una sola causa posible: la vacunación. Y cuando el hombre se infectó en el hospital, no tuvo ninguna posibilidad, ya que sufrió una reacción ADE, sobre la que muchos científicos independientes (entre ellos el profesor Pierre Capel) y especialistas llevan meses advirtiendo.

El ARNm de la vacuna produce el ARN del virus?

La vacuna no pudo evitar que el virus infectara todos los órganos", explica Hal Turner, locutor de radio estadounidense. Sin embargo, otra posibilidad es que el "ARN viral" fuera producido en realidad por el ARNm de la vacuna.

Por último, todas las vacunas aprobadas en Occidente instruyen al organismo para que genere la proteína de espiga del virus. Sólo esta proteína spike -diseñada a propósito para conectarse mejor a los receptores humanos ACE2- es responsable de todos los daños a la salud, según un reciente estudio de Pfizer en Japón, y se extiende por todo el cuerpo después de la inmunización, incluso al cerebro, como se muestra en un reciente estudio de Nature Neuroscience.

En conclusión, la inferencia lógica es la siguiente:

* si el cuerpo está repleto de "ARN viral", que habría matado al paciente

* ... se ha demostrado que sólo la proteína de la espiga es el componente dañino del virus.

* y las vacunas de ARNm le dicen al cuerpo humano que produzca esa proteína de punta.

* de una manera que hace que se adhiera a las células humanas incluso mejor que la proteína viral de la espiga.

* El paciente murió como resultado de un ADE provocado por la proteína de la espiga.

* No tenía Covid-19 cuando fue ingresado con problemas de salud 18 días después de su vacunación, por lo que debe haber venido (principalmente) de la vacuna.

Las personas que siguen asegurando a los demás y a sí mismas que "se vacunaron hace meses y no tienen nada de qué preocuparse" deberían recordar que las repercusiones de estas modificaciones intencionadas del ADN son similares a las del cáncer, en el sentido de que pueden desarrollarse rápidamente pero también lentamente. Sólo hay un problema: una vez que está ahí, no desaparece por sí solo.

¿Las vacunas ya tienen un impacto en el juicio?

Sin embargo, ¿es posible que algunas personas que se han vacunado lo hagan? Recibí un mensaje de un conocido que decía que había intentado por todos los medios que dos de sus compañeros no se vacunaran. Pero fue en vano. A pesar de ello, los dos amigos se vacunaron; uno de ellos corre continuamente, y el otro tuvo que ser hospitalizado debido a una trombosis grave (información anónima publicada con permiso).

Y, como no podía ser de otra manera, los médicos implicados declararon que no podía estar relacionado con la vacuna incluso antes del diagnóstico y el examen. Y, curiosamente, las víctimas también lo creyeron. Por supuesto, todo esto son conjeturas, pero ¿podría esta incapacidad para pensar con claridad, tomar decisiones sensatas y sacar conclusiones ser el resultado de un daño cerebral inducido por esas mismas vacunas?

Bomba de relojería a escala mundial

Cuando vio el informe postmortem, un especialista en enfermedades infecciosas de Nueva Jersey afirmó que estaba asombrado. 'La gente cree que sólo un pequeño porcentaje de los receptores de la vacuna experimenta efectos secundarios. Dado que estas proteínas de punta se adhieren a los receptores ACE2 en todo el cuerpo, este estudio sugiere que todo el mundo acabará experimentando efectos negativos'.

Ese ARNm debería haber permanecido en el lugar donde se inyectó, pero no lo hizo. Como resultado, las proteínas de punta producidas por el ARNm acabarán en todos los órganos. Y sabemos que el daño es causado por esta proteína pico'.

'Cómo te afectan absolutamente seis meses de Fake News' - ¿Cuál es la "lógica" detrás de la prueba PCR y el supuesto aumento de la incidencia de "infecciones"? : 'La tierra es redonda, y también un panqueque. En consecuencia, el mundo es una tortita' - La vacuna Oxford Covid se desarrolló en células de riñón embrionario humano que habían sido modificadas genéticamente.

El profesor (em.) de Inmunología Pierre Capel comienza su último "curso" en YouTube con la idea de que "seis meses de Fake News pueden transformarte por completo". Si hace un año te preguntaran si te modificarían genéticamente porque te aterroriza coger la gripe, ¿qué responderías? ¿Cuál crees que sería tu respuesta? Pero, después de seis meses de Fake News, has cambiado de opinión y has dicho: "¡Sí, por favor!". Pero, ¿sabes qué es la modificación genética viral? No, no tengo ni idea, pero "es nuestra única esperanza, ¿no?

Capel también cita un boletín oficial de la OMS del 14 de octubre de 2020, en el que se afirma que la TIF (tasa de mortalidad entre los enfermos) para toda la población hasta los 70 años es sólo del 0,05 por ciento, y que la corona es la misma que la gripe estacional, incluso entre los ancianos.

(Por supuesto, los medios de comunicación corporativos escupen hoy una nueva dosis de terror, proclamando en grandes titulares que "entre marzo y junio, murieron en la UE 168.000 personas más de lo previsto". Basta con mirar las estadísticas oficiales europeas en EuroMOMO (especialmente la línea roja punteada con "aumento sustancial") y verás que se trata de otro titular engañoso y descaradamente manipulador diseñado para mantenerte en un estado de pánico constante para que no pienses en lo que realmente está pasando. No es una gran preocupación si hay un brote de virus.

"Vamos a hablar de algo que no existía, sobre todo de la segunda oleada", dice Capel. Se refiere a las cifras oficiales, que muestran que no había más pacientes registrados de Covid a finales de junio. Luego la gente se volvió loca con las pruebas de PCR. Entonces se produjo un brote masivo de "infecciones", pero ¿es esto realmente cierto? Si fuera cierto, debería haber un aumento significativo en el número de personas que mueren. Sin embargo, no lo hay".

De una pandemia común a un brote de casos falsos

Tuvimos una epidemia que se prolongó como la gripe y pasó hasta junio; después de junio, tuvimos una "epidemia de casos", que es una epidemia de pruebas de PCR puramente positivas que, como saben, no pueden mostrar ningún virus, dan un 94% de falsos positivos y, por lo tanto, no dicen nada sobre si alguien está infectado, y mucho menos enfermo.

La imagen fue la misma en todos los países: en la primavera, experimentamos "una típica infección respiratoria viral estacional", que ocurre todos los años. Covid-19 sigue el mismo patrón que Covid-1 a 18. Por el momento, hay muy pocos ingresos en el hospital y en la UCI, así como muy pocas muertes". La prueba PCR es la única forma de identificar la segunda oleada'.

A continuación, en su característica forma sencilla y accesible para cualquier persona con un año o más de bachillerato, explica cómo funciona técnicamente una prueba PCR. Esencialmente, la prueba PCR (mediante un hisopo de nariz/garganta) toma una pequeña cantidad de ARN y la amplifica exponencialmente: después de 35 rondas, una molécula metafórica se ha incrementado en 500 millones de veces. Normalmente, se terminaría después de 20 rondas.

La Segunda Ola del año pasado estaba compuesta en su totalidad por "infecciones" inútiles y no probadas.

Si se tiene en cuenta la cantidad de pruebas que se realizan ahora al mismo tiempo, se puede ver cómo hay una creación de cartillas que no se puede levantar para que sea totalmente pura. Es una gran tarea, y costará mucho dinero". La OMS quería saber si es así como se muestra un virus; no lo es; sólo se muestra un pequeño trozo de virus, sin infección, sin virus vivo.

La OMS decidió que las pruebas prolongadas con tres cebadores de virus (sospechosos) eran demasiado costosas y requerían demasiado tiempo, por lo que se eliminaron dos cebadores y el tercero sólo se probó durante 35 rondas. Una prueba PCR tiene normalmente un multiplicador de hasta un millón. Pero como no había suficientes pruebas positivas, ¡aumentaron el número a más de 500 millones! Y si sus cebadores no están limpios, bueno...

Dicho de otro modo, no hubo pandemia, pero el gobierno se sintió obligado a prepararse para una a pesar de todo. Y fue por esta razón que se puso en marcha el uso generalizado de las pruebas PCR.

En primer lugar, la prueba PCR no proporciona ninguna información sobre la viabilidad del virus. Es sólo un fragmento de ARN que podría ser de un virus, pero también podría ser de un virus que tuvo hace tres años o de otra cosa. Ahí es donde todo se inmuniza", dice el narrador. A continuación, vuelve a mostrar las cifras oficiales de la OMS. La desafortunada realidad es que esto es Europa.

El número de "infecciones", como ellos las llaman, está representado por la línea azul. Es decir, que la prueba PCR ha dado positivo'. Las líneas verdes (hospitalizaciones) y rojas (muertes), en cambio, no siguen en absoluto la línea azul, y han permanecido prácticamente sin cambios durante meses.

La tierra es redonda, un panqueque es redondo; así que la tierra es un panqueque'.

'El año pasado, el Código Rojo y el bloqueo se basaron en la línea azul, que sólo muestra cuántas personas se sometieron a la prueba'. Si lo llamamos segunda oleada, ¡eso es! En consecuencia, una "prueba PCR positiva" no tiene nada que ver con el concepto de infección. Es similar a la siguiente ecuación: 'El mundo es redondo, y también lo es un panqueque'. En consecuencia, la tierra es una tortita".
Sí, algunas personas más enfermaron de infecciones respiratorias el año pasado, pero esto ocurre todos los años (a partir del otoño).

El exceso de mortalidad (por gripe, rino, corona, VRS y otras enfermedades) fue de 7500 en 2016-2017, 9400 al año siguiente y 6130 en 2019-2020. Ahora podemos observar que la auténtica "segunda ola" de 2020, basada en auténticos enfermos y no en pruebas de PCR sin valor, es la de los típicos enfermos de la primera ola de otoño. Lo que estamos viendo en octubre de 2020, es principalmente el "Rhino virus" (virus del resfriado).

Para un (1,5) metro, el distanciamiento social, las máscaras faciales y los encierros no funcionaron.

Según las estadísticas internacionales, todas las "medidas" (1,5 metros, mascarillas y encierros) son ineficaces para un solo metro. Podríamos pasar horas mostrando gráficos que demuestran que la historia (oficial) es incorrecta. Según los medios de comunicación, Suecia, el niño travieso de la clase, no tomó casi ninguna medida, dejó todo abierto y permitió que la sociedad siguiera como siempre". ¿Y qué cree que está viendo? 'Es el mismo gradiente', dice el narrador (incluso con un pico mucho más bajo que los países con los cierres más estrictos, Italia, Gran Bretaña y España).

Otro claro ejemplo son los 47.600 pubs populares del Reino Unido. Allí es imposible mantener una distancia de 1,5 metros; no se utilizan mascarillas y la ventilación es a menudo escasa. Con una media de 1.000 conexiones por bar cada semana, el número total de contactos "malos" es asombroso: 618.800.000 cada semana. ¿Qué efecto tiene esto en el número de enfermos y muertos? CERO. No tiene ningún efecto. Si las mascarillas y los 1,5 metros fueran realmente eficaces, el número de enfermos y muertos se habría disparado. Sin embargo, no ha ocurrido nada.

A continuación, muestra un vídeo de una prueba que realizó con numerosas mascarillas. Es evidente que todas las versiones que lleva el público en general son tan porosas como un colador. No hay ningún efecto detectable en las estadísticas de las naciones que han hecho obligatorias las mascarillas, como Polonia y Austria. En consecuencia, las mascarillas son inútiles.

¿Y qué hay del metro y medio? Nada más lejos de la realidad". Desde hace meses se discute si son mejores las gotas grandes o pequeñas (aerosoles). Los aerosoles desempeñan un papel fundamental, según un estudio del RIVM de 2010. En ese caso, hay que mantener una distancia de 10 metros en lugar de 1,5 metros. Eso no tiene ningún sentido. El distanciamiento social destruye a toda la sociedad, pero no supone ninguna diferencia para Covid".

Las medidas son ineficaces contra los virus, pero son eficaces para el miedo.

Las gotas de niebla son mucho más grandes que los aerosoles, pero ¿se observa que caen a menos de 1,5 metros cuando se viaja por el bosque? No. Los aerosoles flotan en el aire. No se puede exagerar la importancia de la ventilación. En el exterior, los problemas son menores, y una vez terminada la epidemia, las dificultades en el interior son menores (pero están relacionadas con la ventilación)".

'Como resultado, podemos decir que las contramedidas del virus son ineficaces'. Pero, ¿qué hacen exactamente? En el miedo. En las acciones e interacciones sociales de la gente. Todo está arruinado'. En los países menos ricos, produce una pobreza generalizada y otras miserias (desempleo masivo, gran número de enfermos). 'Ahora están muriendo como ratas en naciones como India e Indonesia. "Pero bueno, mientras no sea aquí", añade sarcásticamente Capel.

'No es una vacuna; la proteína del SARS-CoV-2 se inserta en su genoma'

'Sin embargo, han ideado una solución: La vacunación". Las cosas ya se les han ido de las manos unas cuantas veces con estudios como el de la vacuna de Oxford (inflamación/parálisis de la médula espinal). 'Debe ser concebible...', continúa Capel, sarcástico. ' ¡Pero no es una vacuna en absoluto! Es ingeniería genética. Es un adenovirus de un chimpancé que han modificado para que pueda infectar a los humanos. Clonaron la proteína spike (la proteína con la que interactúa la corona) en ese virus. No se trata de una vacuna, sino de una manipulación genética". Se generó en células renales embrionarias humanas que habían sido manipuladas genéticamente.

¿Cómo lo hacen? El SARS-Cov-2 es una proteína que puede insertarse en su genoma y expresarse en diversos órganos. Entonces se limitan a esperar una respuesta inmunológica para hacer algo. Sin embargo, tiene el potencial de salirse de control*. Si además vemos que se están utilizando embriones humanos para esto, y que se les insertan algunos genes tumorales para que se desarrollen, podemos concluir que se trata simplemente de una alteración genética".

(¿Cuál es nuestra perspectiva al respecto? La próxima "pandemia" será causada por la vacuna Covid, que se desplegará en más rondas de inmunización. El objetivo*

final: todas las personas del planeta deben ser vacunadas y, por lo tanto, modificadas genéticamente de forma regular, mientras que los "rechazantes" deben ser condenados al ostracismo y finalmente eliminados).

Toda la raza humana será modificada genéticamente a partir de este año.

Así, a partir de este año, toda la población humana será modificada genéticamente a una escala sin precedentes en todo el mundo. La vacunación es un eufemismo para este proceso. No es una vacuna; es una mezcla de proteínas de bacterias o virus o fragmentos de membrana mezclados con un montón de basura para estimular el sistema inmunológico. Sin embargo, si se inyecta eso en el cuerpo y provoca una reacción, se irá. En cambio, la vacuna Oxford no es una vacuna y no desaparecerá".

Embriones humanos... HUMANOS que han sido modificados genéticamente...

Dado que el coronavirus es propenso a sufrir alteraciones, no está claro si estas alteraciones también están presentes en la proteína de la espiga de la vacuna. Si no es el caso (y las probabilidades son bastante altas, si no cerca del 100%), entonces esta "vacuna" es inútil.

Por ello, en lugar de la vacunación, se emplea una nueva tecnología: la alteración genética. Hay muchos malentendidos al respecto. Se omiten las pruebas con animales con premura y se gritan todo tipo de cosas, y esto se convierte en la "salvación" de todo. ' Capel describe una imagen dramática de una prueba nuclear en la superficie en los años 50 en Estados Unidos, con cientos de soldados observando desde una distancia segura. Se les había aconsejado que "unas gafas de sol decentes" serían suficiente protección... (En los años 70, casi todos estos hombres habían desarrollado leucemia y otros tumores).

Control de multitudes; la monstruosa campaña de desinformación de los medios de comunicación

'Así que los procedimientos son ineficaces contra el virus, pero son increíblemente eficaces contra el control de las multitudes'. Esas medidas son admirables, pero ¿con qué propósito? No tiene nada que ver con el virus. Además, existe una campaña de desinformación (por parte de los medios de comunicación, la OMT y el gabinete). Nos asaltan constantemente con historias extrañas, lo que nos hace estar muy ansiosos, y seguimos ciegamente todas las reglas. Éstas tienen un efecto, pero ¿en qué lo tienen?".

Control de la población por un régimen totalitario

Entonces, ¿para qué sirven los cierres, los metros y medio y los tapabocas? Para mantener el control totalitario sobre la población. Entonces utilizas todo tipo de mentiras para aterrorizar a la gente. Luego se induce a la penuria y la miseria masiva a través de los cierres, como las quiebras y las hambrunas".

Entonces utilizas mascarillas que no tienen ningún sentido para infundir el terror en la gente hasta el punto de que lo pidan. Si aumentas el terror de la gente, ésta pedirá más dictadura, como predijo George Orwell.

Big Pharma - Big Data - Big Banking - Big Reset - Big Scam!

Capel concluye: "No soy un teórico de la conspiración". Por otra parte, estas medidas se prescriben internacionalmente desde una única fuente: la OMS, que está vinculada a otros sistemas (incluida la asociación de vacunas GAVI de Bill Gates). Una cosa que es evidente es que esta "vacuna", esta manipulación genética, está generando una cantidad significativa de ingresos... El gobierno ha gastado previamente una importante cantidad de dinero (cientos de millones de dólares) en una vacuna que no existe. Se trata de una importante suma de dinero para 'Big Pharma'.

'Entonces te das cuenta de que todo el mundo está obligado a tener una aplicación, que puede o no estar 'chipada'. Luego está el 'Big Data', el nuevo oro, y el 'Big Banking', porque los flujos de dinero se verán totalmente alterados (digitalización total de los pagos en / a partir de 2021).

Entonces, ¿hasta qué punto es esto un "Gran Reajuste" y una "Gran Estafa"? Tengo que decir que esto es increíble, y nunca podría haberlo imaginado ni en mis sueños más salvajes'.

Hay una insistencia frenética en estas tácticas, que funcionan muy bien para el control de multitudes y la desestabilización de la sociedad, por lo que ahora estamos viendo cómo se aprueban leyes de emergencia que eliminan por completo la democracia".

Entonces, en marzo del año siguiente, se celebrarán elecciones, justo en medio de Covid-20 (o Covid-21). ¿Afirmarán entonces que por eso no pueden convocar elecciones?

Capítulo 4: La logística del miedo

El Dr. Hodkinson, presidente durante 20 años de la empresa de biotecnología que actualmente vende las pruebas Covid-19, advierte que las pruebas no demuestran la infección clínica y culpa a la "histeria mediática y política".

Cada vez son más los científicos eminentes que se manifiestan en contra de lo que se hace en nombre de la lucha contra el actual coronavirus, especialmente en Occidente. El Dr. Roger Hodkinson, virólogo y especialista en patología, fue presidente del Comité de Examen de Patología del Real Colegio de Médicos de Canadá en Ottawa, director general de un gran laboratorio médico privado en Edmonton y director general y médico de Western Medical Assessments, uno de los productores de las pruebas Covid-19, durante 20 años. La política de corona de Western es una "histeria completamente injustificada", según el Dr. Hodkinson, y "la peor estafa jamás perpetuada sobre la gente ingenua".

El Dr. Hodkinson comentó durante una reciente reunión pública de vídeo/audio de un comité del Ayuntamiento de Edmonton que el Covid-19 no es "más que una temporada de gripe". Esto no es el virus del Ébola. No es el SARS (-1). Es la política contra la medicina, y ese es un juego peligroso".

La simple verdad es que los medios de comunicación y la política están alimentando un frenesí público completamente infundado". Es ridículo. Esta es la mayor artimaña jamás perpetrada en el pueblo en general'.

'Las mascarillas son absolutamente inútiles; no es necesaria ninguna otra política'.

El científico subrayó que no se requieren más medidas que las que se toman habitualmente durante una gripe estacional. 'Cuando estábamos enfermos, nos quedábamos en casa y comíamos sopa de pollo en lugar de ir a ver a la abuela'. No necesitábamos que alguien nos dijera si debíamos o no volver al trabajo'.

Afirma que los protectores bucales son absolutamente ineficaces. 'No hay pruebas de que funcionen... (los protectores faciales) están simplemente ahí para mostrar que eres virtuoso... Ves a toda esa gente marchando como lemmings, obedeciendo sin rechistar y tapándose la boca con un protector bucal'.

'Todo tiene que reabrirse mañana, y todas las pruebas tienen que detenerse'.

'Al mismo tiempo, la separación social es inútil. El Covid se dispersa a través de aerosoles que recorren 30 metros antes de aterrizar (*posiblemente 30 pies = aproximadamente 10 metros). Las repercusiones imprevistas de los cierres son espantosas. Como se*

39

indica en la (firmada por decenas de miles de científicos, médicos y otros especialistas) Declaración de Great Barrington, que difundí antes de esta reunión, "todo debería estar abierto de nuevo mañana".

'¡Vendo pruebas (Covid), pero me gustaría destacar con letras de neón que los resultados positivos de las pruebas no implican una infección clínica (como los medios de comunicación y los políticos afirman fraudulentamente con sus estadísticas de "infecciones")! A no ser que te sometas a un hospital con una dolencia respiratoria, (las pruebas) no hacen más que provocar el frenesí del público y deberían dejar de hacerse...

Lo único que deberíamos hacer es proteger a los más vulnerables y suministrar de 3.000 a 5.000 I.E. de vitamina D a todos los pacientes de las residencias de ancianos cada día, ya que se ha demostrado que esto disminuye drásticamente el (riesgo de) infección".

Lo que se está haciendo ahora es totalmente absurdo".

'Les recuerdo que según los propios datos de Alberta, la probabilidad de muerte de los menores de 65 años es de una entre 300.000'. Tenéis que entender esto. Dadas las ramificaciones, la magnitud de vuestra reacción, que emprendéis sin ninguna prueba, es completamente ridícula. Abundan los suicidios, los cierres de empresas, los funerales, las bodas, etc. Es ridículo, porque no es más que una terrible gripe".

'Dejen que la gente tome su propia decisión', concluyó Hodkinson, aconsejando a los gobiernos. El director provincial de salud pública les está engañando. Me indigna que se haya llegado a este punto. Todo debería terminar mañana.

Capítulo 5: ¿Infertilidad Covid?

Basándose en estos documentos oficiales, las mujeres que deseen tener hijos deberían pensárselo dos veces antes de vacunarse contra el Covid-19 -Comité del Gobierno Británico sobre Vacunación e Inmunización: "Hay que descartar el embarazo antes de vacunar, y no hemos estudiado las interacciones con otros medicamentos"

Los prospectos y las instrucciones de cuidado de la vacuna "nano" de ARNm de Pfizer/BioNTech, que se administrará a la población del Reino Unido a partir de la próxima semana, advierten explícitamente de que no se debe administrar la vacuna a los menores de 16 años ni a las mujeres embarazadas: "Antes de vacunar, se debe excluir el embarazo". A las personas con las defensas debilitadas -que no han participado en las fases de ensayo clínico- y a las que toman medicamentos con regularidad se les "aconseja" que se pongan primero en contacto con un médico. Las mujeres que se inyecten la vacuna deben tener cuidado de no quedarse embarazadas durante los dos primeros meses después de la segunda dosis, que debe tomarse 21 días después de la primera.

Quizá diga: estas advertencias no son tan anormales, ¿verdad? También se encuentran en la mayoría de los prospectos de los medicamentos habituales. Efectivamente, lo son. Sin embargo, se trata de medicamentos destinados a personas que padecen una enfermedad o afección, no a personas sanas, que ahora deberían recibir la vacuna Covid.

El Comité Conjunto de Vacunación e Inmunización ha aconsejado a las mujeres embarazadas y a las que quieren quedarse embarazadas que no tomen la vacuna en absoluto. Esto significa que la vacuna simplemente no se considera segura para estos grupos.

"No hay estudios de interacción con otros medicamentos

Los cuidadores reciben la advertencia especial en estas instrucciones de que los médicos y el equipo deben estar preparados "en caso de un raro evento anafiláctico tras la administración de la vacuna". Recientemente informamos de que los documentos oficiales muestran que el gobierno británico, sin embargo, espera "un alto número" de reacciones adversas graves, las llamadas A.D.R. (Adverse Drug Reactions). Las R.A.D. incluyen enfermedades graves, enfermedades y discapacidades permanentes o de larga duración, y muertes.

'Como con cualquier vacuna, la vacunación con la vacuna de ARNm Covid-19 BNT162b2 no protege a todos los receptores de la vacuna. No se dispone de datos sobre el uso de esta vacuna en personas que hayan recibido previamente una serie completa o parcial con otra vacuna Covid-19.' Además, "no se han realizado estudios de interacción (con otros medicamentos)". Quedará claro por qué hemos subrayado esto, porque sólo en Alemania, millones de personas toman uno o más medicamentos cada día.

Hay bastantes mayores de 16 años que experimentaron efectos secundarios "leves o moderados" durante las fases de prueba: El 80+% tuvo dolor en el lugar de la vacunación, el 60+% experimentó fatiga, el 50+% dolores de cabeza, el 30+% dolores musculares, el 30+% escalofríos, el 20+% dolores articulares y el 10+% fiebre. Estos efectos secundarios "suelen desaparecer unos días después de la vacunación". El enrojecimiento y la hinchazón del lugar de la inyección y las náuseas también se encontraban entre los efectos secundarios "frecuentes".

No se realizan pruebas con personas con el sistema inmunitario debilitado

Las personas con sistemas inmunitarios manifiestamente debilitados fueron excluidas de las fases del ensayo clínico. En la segunda fase, aunque el 40% de los sujetos de prueba eran personas mayores de 56 años, las estadísticas muestran en realidad que Covid-19 apenas supone un peligro para las personas de hasta 70 años (la IFR confirmada por la OMS es de sólo el 0,05%). ¿Se han realizado pruebas a personas mayores de 70 años? Es de suponer que no, ya que la mayoría de ellas tienen el sistema inmunitario debilitado o incluso no funciona.

De hecho, el propio gobierno del Reino Unido ni siquiera está seguro de que la vacuna funcione: "La vacuna provoca tanto anticuerpos neutralizantes como una respuesta inmunitaria celular al antígeno de la espiga (S), lo que puede ayudar a proteger contra la enfermedad de Covid-19". (negrita y subrayado añadidos). Esto por sí solo anula la eficacia media del 95% durante las fases del ensayo clínico que también se indica en estas instrucciones. Ese porcentaje también se basa en la prueba PCR, ahora totalmente desacreditada para este fin, que se utilizó para analizar a los participantes tanto del grupo vacunado como del grupo placebo para ver si se habían "infectado".

Se desconoce cuáles son los efectos sobre la fertilidad y el desarrollo humano

Pero la cosa no acaba aquí. Las instrucciones para los proveedores de atención médica afirman literalmente que "se desconoce si la vacuna de ARNm Covid-19 BNT162b2 afecta a la fertilidad". Esto significa que existe la posibilidad de que esta vacuna le haga infértil.

En el apartado 4.6 "Fertilidad, embarazo y lactancia" se afirma que "no hay datos, o son limitados, sobre el uso de la vacuna Covid-19 mRNA. No se han realizado estudios de toxicidad reproductiva en animales". La vacuna de ARNm Covid-19 BNT162b2 no se recomienda durante el embarazo. En el caso de las mujeres en edad fértil, debe excluirse el embarazo antes de la vacunación. Además, se debe aconsejar a las mujeres

45

que puedan dar a luz que eviten el embarazo durante al menos 2 meses después de la segunda dosis.

En la sección 5.3 "Datos preclínicos de seguridad" se reafirma que "Los datos no clínicos no muestran ningún peligro especial para los seres humanos sobre la base de un estudio convencional con dosis repetidas de toxicidad. Los estudios en animales sobre la toxicidad potencial para la reproducción y el desarrollo no se han completado". (énfasis añadido)

Dejemos que esto se asimile por un momento.

Los ensayos con animales para ver si esta vacuna tiene algún efecto sobre la reproducción, es decir, la reproducción, y el desarrollo, ni siquiera han finalizado. Esto significa que no tenemos ni idea (¿todavía?) de si esta vacuna afectará a la reproducción y al desarrollo de cualquiera que la reciba. ¿O tal vez sí tienen una idea, y estaban tan sorprendidos por los resultados que decidieron ni siquiera completar las pruebas en animales?

Supuesto denunciante de GSK: "La vacuna causó un 97% de esterilidad en la fase de prueba

El 21 de noviembre, escribimos en nuestro artículo "Las nano partículas en la vacuna de Pfizer según el ministro De Jonge son un 'riesgo', pero la vacuna estará ahí de todos modos": El presentador estadounidense David Knight citó recientemente a un denunciante del gigante farmacéutico GSK (el enlace vuelve a funcionar), que reveló que los llamados adyuvantes "anti-HCG" (hormona) de las vacunas corona causan un 97% de esterilidad. De hecho, durante un ensayo clínico de la vacuna de GSK, se informó de que 61 de 63 mujeres quedaron estériles.

En una variante desarrollada para los hombres con un anti-GNRH (hormona), los testículos se encogerían, los niveles de testosterona bajarían y el ADN mitocondrial de los espermatozoides se destruiría, causando infertilidad en las mujeres. Esto se observó supuestamente durante las pruebas de la vacuna en babuinos.

Según el portavoz británico de Govote.org, del que Knight mostró un vídeo, esto hará que en los próximos años mueran masas de personas por las vacunas Covid-19, mientras que prácticamente no nacerán más niños. Si esta es su intención, tendremos una reducción masiva de la población mundial, de la que Bill Gates lleva años hablando". Por eso, Govote.org quiere que las vacunas se prueben en laboratorios independientes.

La vacuna puede atacar una proteína esencial en las mujeres, haciéndolas infértiles".

Las vacunas de ARNm van a programar al propio organismo para que produzca anticuerpos contra la proteína "pico" del virus SARS-CoV-2. La siguiente información, no confirmada, necesita ser estudiada y verificada: "Las proteínas de espiga también contienen protien homólogo a la sincitina, que son esenciales para la formación de la placenta en mamíferos como los humanos. Hay que descartar absolutamente que una vacuna contra el SARS-CoV-2 pueda desencadenar una respuesta inmunitaria contra la sincitina-1, porque de lo contrario podría producirse una infertilidad de duración indefinida en las mujeres vacunadas".

La vacuna contiene una proteína de espiga llamada syncytin-1, vital para la formación de la placenta humana en las mujeres. Si (la vacuna) funciona y así formamos una respuesta inmunitaria contra la proteína de la espiga, también estamos entrenando al cuerpo femenino para que ataque la sincitina-1, lo que puede provocar infertilidad en las mujeres.

Dado que estas vacunas nos son impuestas, pero sin embargo se les da toda la responsabilidad de antemano si las cosas van mal, esto significa, por lo tanto, que SI usted como mujer u hombre se vuelve efectivamente infértil a causa de esta vacuna, usted tiene toda la culpa. Al fin y al cabo, los fabricantes y las autoridades médicas ya no se hacen responsables de ello. Sin embargo, pronto se le castigará si rechaza estas vacunas, y se le podrá negar el acceso a aviones, edificios, tiendas y eventos. Y eso probablemente sólo será el principio de la exclusión social y societaria total.

Capítulo 6: No más libertad

La Administración Federal de Seguridad y Salud en el Trabajo (OSHA) de EE.UU. está advirtiendo a los empresarios de que serán responsables de cualquier daño a la salud de sus empleados si se les exige que se vacunen contra el Covid-19. Esto podría convertirse en una cuestión complicada también en Europa, ya que el gobierno ha rechazado de antemano toda responsabilidad gubernamental y la ha puesto en el plato de los proveedores de atención sanitaria. Si al final ningún organismo quiere asumir la responsabilidad, entonces, a la vista de los derechos humanos, no es posible que estas vacunas se conviertan directa o indirectamente en una condición para conseguir o tener un trabajo, o para acceder a edificios y eventos, como se pretende ahora.

Si un trabajador estadounidense se ve obligado a ser inyectado con estas terapias genéticas experimentales de ARNm empaquetadas como "vacunas" y posteriormente queda ciego o paralizado, o incluso muere, esta lesión se considerará "relacionada con el trabajo", lo que hará responsable a su empleador. Las directrices también establecen que los empleadores están obligados a registrar los efectos secundarios (graves) y las reacciones adversas tras las vacunas Covid en sus empleados.

La nueva directiva de la OSHA se publicó el 20 de abril, y fue una respuesta a las empresas e instituciones que habían anunciado que todos sus empleados estarían obligados a vacunarse, como la red del Hospital Metodista de Houston. Los que se nieguen serán primero suspendidos, y después despedidos.

Las vacunas sólo tienen autorización de emergencia

Se espera que esta organización hospitalaria y muchos otros empleadores sean demandados si siguen estos planes y sus empleados enferman o mueren posteriormente. Según el sistema de registro VAERS, casi 200.000 estadounidenses ya han sufrido daños en su salud a causa de las vacunas Covid-19, y casi 4.000 han muerto. Casi 20.000 han sufrido daños graves (a largo plazo o permanentes) (enfermedades autoinmunes, parálisis, ceguera, la enfermedad muscular ALS, Creutzfeld-Jakob, Alzheimer, etc.).

America's Frontline Doctors (AFLDS) advierte que las vacunas -al igual que en Europa- sólo tienen una licencia temporal de emergencia, y por esa sola razón no pueden ser impuestas a nadie. 'La autorización de emergencia de la Administración de Alimentos y Medicamentos de Estados Unidos establece específicamente que los individuos deben tener la libre elección de aceptar o rechazar estas vacunas', explica LifeSiteNews. 'Muchos señalan que cualquier despido por rechazar las vacunas socava absolutamente su necesaria libertad.'

Sin embargo, el Tribunal Europeo de Derechos Humanos dictaminó recientemente que las vacunas obligatorias son legales. Aun así, incluso en los Países Bajos, ningún trabajador debe aceptar automáticamente que su jefe le exija la vacuna Covid-19 como condición para conservar su empleo o seguir realizando el trabajo para el que fue contratado.

Capítulo 7: Sin asistencia sanitaria

Algunos médicos están tan adoctrinados y aterrorizados que culpan a los propios enfermos: "Mi jefe me presionó mucho para que me vacunara".

Highwire, el programa de salud estadounidense de más rápido crecimiento en Internet, que ya cuenta con más de 75 millones de espectadores, centró recientemente su atención en una preocupante tendencia en Estados Unidos que también puede estar produciéndose en otros países occidentales. En efecto, cada vez son más los médicos que se niegan a tratar a las personas que sufren graves efectos secundarios y reacciones adversas tras la vacunación con la vacuna Covid-19. La razón es obvia: el establishment político y farmacéutico ha canonizado efectivamente estas vacunas manipuladas genéticamente. Si la gente se pone muy enferma o incluso muere a causa de ellas -en Estados Unidos en 2021 ya habrá un 4000% más de víctimas de las vacunas que en todo el año 2020 de todas las demás vacunas juntas-, entonces las instrucciones son que no puede ni debe ser culpa de la vacuna. Los médicos que a pesar de todo observan esto deben temer por sus trabajos y carreras.

Algunos médicos están tan adoctrinados que culpan a los propios enfermos. Llaman a las personas que sufren efectos secundarios graves tras la vacunación pacientes con un 'trastorno de conversión', temiendo poner en su expediente que la vacuna es la causa probable. (O, en otras palabras, 'vuélvase a casa, señorita, porque lo tiene entre ceja y ceja').

El 4 de enero, mi jefe me presionó mucho para que me vacunara", me dijo Shawn Skelton. Después de cumplir, experimentó inmediatamente efectos secundarios, como síntomas leves de gripe. Pero al final del día, me dolían tanto las piernas que no pude soportarlo más. Cuando me desperté al día siguiente, me temblaba la lengua, y luego fue empeorando. Al día siguiente tuve convulsiones por todo el cuerpo. Eso duró 13 días".

'Demasiado miedo para tratarnos', dicen.

Un médico me dijo que el diagnóstico era: 'No sé qué te pasa, por lo tanto te culpamos'", dijo otro. Skelton explicó. Los médicos no saben cómo abordar los efectos negativos de la vacuna de ARNm. También creo que les aterra. No sé por qué ningún médico quiere ayudarnos".

Otras dos trabajadoras sanitarias, Angelia Desselle y Kristi Simmonds, tuvieron experiencias similares. Ellas también sufrieron convulsiones y sus médicos también se negaron a tratarlas. Un neurólogo rechazó que Desselle le remitiera por correo electrónico. Era un especialista en trastornos del movimiento, que yo creía necesitar. Mi médico de cabecera dijo que parecía que tenía Parkinson avanzado. Pero me contestó por correo electrónico que tenía tareas muy complejas y que no podía verme en ese momento'.

Como otros médicos también le cerraron la puerta, acudió a un neurólogo sin mencionar que se había vacunado contra el Covid-19. No quería que me enviaran de nuevo. Pero está en mi historial médico, así que cuando lo miró me dijo '¿así que te vacunaste? Y yo le dije 'sí, pero no quería darle esa información porque necesito ayuda'". Ahora por fin está recibiendo tratamiento para sus ataques de migraña.
En Europa, los médicos de cabecera y los especialistas están sujetos a una normativa estricta.

No sabemos si los médicos de cabecera en Europa también se niegan a tratar a los pacientes vacunados que se encuentran mal. Sin embargo, se les prohíbe recetar a los pacientes (sospechosos) de haber recibido la corona fármacos de eficacia probada y segura, como la hidroxicloroquina y la ivermectina. Nada debería amenazar el "sagrado" programa de vacunación masiva - recuperación: programa de ingeniería genética, después de todo.

En Europa, los médicos de cabecera y los especialistas están sujetos a una normativa estricta.

No sabemos si los médicos de cabecera en Europa también se niegan a tratar a los pacientes vacunados que se encuentran mal. Sin embargo, se les prohíbe recetar a los pacientes (sospechosos) de haber recibido la corona fármacos de eficacia probada y segura, como la hidroxicloroquina y la ivermectina. Nada debería amenazar el "sagrado" programa de vacunación masiva

- recuperación: programa de ingeniería genética, después de todo.

A principios de este año, el gobierno hizo recaer toda la responsabilidad de las consecuencias de las vacunas Covid sobre los hombros de los profesionales sanitarios y las personas que se vacunan con ellas. Por lo tanto, no es inconcebible que los profesionales y especialistas de la salud en Europa se muestren reacios a reconocer, y mucho menos a tratar, a las víctimas de la vacunación como tales.

Capítulo 8: Agenda 5G

Los gobiernos quieren impulsar el 5G porque permite rastrear y vigilar a los ciudadanos 24/7/365

El número de científicos que tienen grandes reservas sobre la introducción del 5G no deja de crecer. El epidemiólogo británico John William Frank, de la Universidad de Edimburgo, pide que se suspenda por el momento el despliegue del 5G en todo el mundo, hasta que se confirme y demuestre de forma independiente que la tecnología es segura y no supone ningún peligro para la salud. Hasta ahora, los gobiernos se han basado casi exclusivamente en los estudios de las grandes empresas tecnológicas (o patrocinados por ellas) y, por supuesto, nunca pondrán en riesgo sus multimillonarios beneficios rechazando sus propios productos.

El profesor Frank no está en contra de la 5G, pero cree que se ha investigado demasiado poco sobre ella. Por eso sostiene que es mejor pecar de precavido y congelar el despliegue de los nuevos sistemas de tráfico de datos móviles por ahora.

Hay muchas más antenas y mucha más radiación CEM.

Frank, al igual que muchos otros académicos, escribe en el Journal of Epidemiology & Community Health que la principal amenaza de la 5G es la enorme densidad de antenas necesaria para estas frecuencias extremadamente altas. Cada pocas farolas hay que colocar una nueva antena, exponiendo a las personas a una radiación electromagnética (CEM) aún mayor. Una comisión federal de especialistas en Estados Unidos ha reconocido los daños a la salud que pueden causar las redes existentes, como el 4G y el WiFi.

A pesar de ello, según el profesor, casi no se han realizado investigaciones epidemiológicas creíbles sobre el impacto del 5G en la salud humana. Además, el 5G no solo emplea frecuencias considerablemente más altas, sino también una tecnología de apoyo totalmente nueva para manejar volúmenes masivos de datos. Para que el 5G funcione, deben colocarse miles de millones de antenas y amplificadores de señal cada 100 o 300 metros en todo el planeta. Los próximos 3.236 satélites 5G de Amazon, así como los entre 12.000 y 30.000 que Elon Musk planea poner en órbita, pronto cubrirán zonas en las que las antenas son inconcebibles.

'Un número creciente de ingenieros, científicos y médicos de todo el mundo están instando a los países a elevar sus normas de seguridad de los CEM de radiofrecuencia, a encargar más y mejores investigaciones y a detener el aumento de la exposición pública hasta que haya pruebas más sólidas de que es segura.'

El principio de precaución dicta que se detenga el despliegue de la 5G.

El profesor Frank no está convencido de que la 5G y otros CEM sean perjudiciales para la salud y el medio ambiente, a pesar de que la OMS y una serie de expertos en tecnología afirmen lo contrario. Cree que la propagación del 5G debería detenerse inmediatamente debido al "principio de precaución". No hay que correr riesgos innecesarios cuando se trata de la salud humana. Esa premisa debería ser motivo suficiente para "declarar la prohibición de esa exposición (al 5G), a la espera de una investigación científica adecuada sobre los supuestos riesgos para la salud".

Continúa explicando que no hay ninguna necesidad imperiosa de desplegar la 5G a gran velocidad en términos de salud y seguridad pública. Se hace sobre todo porque la nueva tecnología supondrá un importante impulso para la industria de las grandes tecnologías. Con la red 4G existente, los consumidores no tienen escasez de conexiones rápidas de datos móviles.

Los gobiernos quieren que el 5G se implante cuanto antes para tener un control global completo.

Frank se olvida de añadir que los gobiernos están tan interesados en la 5G como los gigantes de la tecnología y los medios de comunicación. La Fundación Bill y Melinda Gates y el brazo de desarrollo tecnológico del Pentágono, DARPA, se han asociado con la empresa tecnológica Profusa para desarrollar un biosensor nanotecnológico implantable hecho de hidrogel (una sustancia similar a una lente de contacto blanda) que puede inyectarse junto con una vacuna y aplicarse justo debajo de la piel, donde realmente se fusiona con su cuerpo. Toda la información sobre usted, su cuerpo y su salud podrá controlarse a distancia gracias al componente nanotecnológico.

Como resultado, el 5G permite un sistema de control totalitario global con el que las dictaduras del pasado sólo podían soñar. Permitirá que la ubicación, los movimientos y las acciones de cualquier persona -y, en un futuro no muy lejano, los pensamientos y las emociones- sean rastreados, vigilados y manipulados las 24 horas del día, los siete días de la semana, mientras que toda la información personal, como el estado de vacunación y los saldos bancarios, será accesible al instante. A este sistema están vinculadas innumerables cámaras de vigilancia con reconocimiento facial y comprobación de la situación social y crediticia, así como el sistema de Microsoft (con número de patente 2020-060606) que convierte tu propio cuerpo en un medio de pago (y prueba de identificación/vacunación) que ya está en fase de pruebas.

Según algunos, para que este sistema funcione correctamente es necesaria una distancia de al menos un metro y medio, ya que las señales pueden interrumpirse si los cuerpos están demasiado cerca.

No está claro si esto es cierto, pero sin el distanciamiento social, las cámaras de vigilancia (e incluso los teléfonos inteligentes) lo tendrán mucho más difícil para escanear en tiempo real todas las frentes de una multitud en busca de la presencia de la enzima fluorescente M-Neongreen / Luciferase, la marca inyectada que en el futuro podría servir como prueba de que has sido debidamente vacunado y, por tanto, tienes acceso a la sociedad.

¿Hay una teoría de la conspiración?

Dado que múltiples científicos y otros profesionales llevan meses afirmando que 1,5 metros no suponen ninguna diferencia en la supuesta transmisión de un virus, ya es hora de que más gente se pregunte por qué la "separación social" debe seguir imponiéndose sin cesar. Por desgracia, ciertas extrañas teorías conspirativas, como que el 5G desencadenaría el coronavirus, y hechos terribles, como prender fuego a las torres de transmisión, han contaminado las preocupaciones reales al 5G (¿intencionadamente?).

Los políticos, la industria tecnológica, y todos los medios de comunicación y revistas convencionales que dependen de alguna manera de los demás, invariablemente afirman que todas estas son "teorías de la conspiración" desacreditadas, pero cuando incluso la venerable Scientific American publicó un artículo el 17 de octubre de 2019, con el titular "No tenemos ninguna razón para creer que el 5G es seguro - Contrariamente a lo que algunos dicen, puede haber riesgos para la salud,"

Capítulo 9: Biosensores nanotecnológicos 5G

'Biosensor nanotecnológico implantable ya en 2021 en las vacunas Covid-19' La humanidad que evoluciona hacia lo transhumano en el futuro se integra con el sistema de control digital global.

DARPA, la rama de desarrollo tecnológico del Pentágono, y la Fundación Bill y Melinda Gates están trabajando con Profusa para desarrollar un biosensor nanotecnológico implantado construido con hidrogel (sustancia similar a una lente de contacto blanda). Este biosensor, del tamaño de un grano de arroz, se inyecta con una vacuna y se coloca justo debajo de la piel, donde se funde con el cuerpo. A través de la 5G, el componente nanotecnológico permite controlar a distancia toda la información sobre uno mismo, su cuerpo y su salud.

Es probable que la FDA apruebe el biosensor, que también puede recibir información y órdenes, a principios de 2021, justo a tiempo para la campaña mundial de vacunación contra el virus Covid-19 prevista.

En marzo, DefenseOne informó sobre un biosensor de hidrogel que "se inserta bajo la piel con una aguja hipodérmica". Contiene, entre otras cosas, una molécula específicamente diseñada que emite una señal fluorescente una vez que el cuerpo comienza a combatir una infección. Esta señal es detectada por el componente electrónico adherido a (/en) la piel, que posteriormente transmite una advertencia a un médico, un sitio web o una agencia gubernamental. Es básicamente un laboratorio de sangre basado en la piel que puede detectar la respuesta del cuerpo a la enfermedad incluso antes de que aparezcan otros signos como la tos".

Todos los procesos fisiológicos se monitorizan mediante biosensores y se transmiten por 5G.

El biosensor no será percibido como un intruso por el cuerpo ni será atacado como resultado de su uso del hidrogel, sino que se integrará con él. Según el fabricante, el sensor también puede rastrear los niveles hormonales, el ritmo cardíaco, la respiración, la temperatura corporal, la vida sexual, las emociones y cualquier otra cosa. Todos estos datos se entregarán pronto a todas las autoridades médicas y gubernamentales a través del 5G.

Profusa trabaja ahora en un estudio con el Imperial College, que se hizo famoso por sus ridículas previsiones de catástrofe sobre Covid-19, que rápidamente se demostraron completamente falsas. Los bloqueos, el aislamiento social y el consiguiente colapso parcial de la economía, así como la supresión de muchas libertades civiles, se fundamentaron en ellos.

El ser humano transhumano está integrado en el sistema de control digital global

El biosensor, que podría incorporarse a las vacunas Covid-19 ya en 2021, está muy cerca de hacer realidad la aspiración de un humano transhumano, en el que todos sean totalmente controlables e incluso dirigibles. El "nuevo humano", o el humano 2.0 tal y como lo concibe la élite tecnológica en torno a Bill Gates y Elon Musk, se transformará gradualmente en una especie de cíborg de aquí a 2025-2030, y se convertirá en parte integrante -y por tanto irreversible- de un sistema de control digital global, en el que las libertades personales habrán desaparecido por completo, e incluso se habrá eliminado el libre albedrío humano.

Capítulo 10: Protestas por el pasaporte de vacunas

Más de 70 parlamentarios se manifiestan contra esta "trampa atroz

En una carta abierta al Primer Ministro Boris Johnson, más de 1.200 líderes cristianos británicos le pidieron que no adoptara los pasaportes de prueba y vacunación.

De hecho, la califican como "la propuesta más peligrosa de la historia", ya que equivale a "una forma de presión poco ética" para obligar a la gente a someterse a las pruebas Covid-19 o a vacunarse.

Varias denominaciones, entre ellas la anglicana y la católica, tienen líderes en la iglesia. Creen que los pasaportes de prueba y vacunas son el precursor de un "estado de vigilancia", un estado de control totalitario, y que acabarán con lo que queda de la democracia liberal.

El gobierno de Londres mantiene que no se ha tomado una decisión definitiva, pero todos los indicadores apuntan a que estos pasaportes de prueba/vacunación llegarán pronto, al igual que en Europa.

Al principio se comercializarán como un pasaporte a una mayor "libertad" (restauración, eventos, compras, etc.), pero a medida que se vayan imponiendo, las

normas serán cada vez más estrictas, y acabarán
eliminando por completo de la sociedad a las personas
no sometidas a pruebas y no vacunadas.

**El "apartheid médico" es un término utilizado para
describir un sistema de discriminación médica.**

Según los líderes de la Iglesia, este tipo de pasaportes
da lugar a un "apartheid médico... Establece un estado
de vigilancia en el que el gobierno controla ciertas
partes de la vida de los ciudadanos a través de la
tecnología. En el transcurso de unos años, ese "cierto"
amenaza con ampliarse a TODOS los ámbitos.

Se trata de una de las ideas políticas más peligrosas de
la historia de la política británica", advierten los líderes
eclesiásticos, que subrayan que nunca negarán el
acceso a sus iglesias a quienes carezcan de ese
pasaporte, independientemente de la decisión del
Gobierno.

**"Discriminación" y "trampa horrible" son dos palabras
que me vienen a la mente.**

Más de 70 legisladores británicos protestaron
abiertamente a principios de este mes contra los
pasaportes de prueba/vacunación previstos. Afirman
que la necesidad de mostrar dicha prueba para entrar
en un bar, por ejemplo, es discriminatoria. Además,
crea más divisiones sociales. (En cualquier caso, todo el

planteamiento de Occidente se basa en el "divide y
vencerás").

El diputado conservador Steve Baker llegó a calificar
estos pasaportes de "trampa desagradable". El líder
laborista Sir Keir Starmer expresó su "gran alarma" por
esta nueva forma de discriminación que se avecina.

Capítulo 11: ¿Protesta = Terrorismo?

Nadie quiere oírlo, a nadie se le permite decirlo, pero todo el mundo sabe dónde puede acabar esto.

Mientras Europa avanza a toda máquina hacia la implementación de la discriminación oficial dividiendo a la sociedad en "buenos" (probados/vacunados) y "malos" (no probados/no vacunados), en Estados Unidos se está lanzando la primera bola de lo que es el objetivo final de cosas como los pasaportes de vacunas: la eliminación completa de los "malos" de la sociedad. La conocida revista Nature ha publicado un llamamiento a la ONU y a todos los gobiernos para que tomen medidas contundentes para detener la "agresión antivacunas". Así es como usted, como persona no vacunada, pronto será visto y tratado: como un terrorista.

El fascismo de maníacos asesinos como Hitler y Stalin está regresando por completo. El pediatra tejano Peter Hotez se ha convertido en un ídolo de la corona tan extremo que equipara a las personas que critican las vacunas con los ciberdelincuentes y el terrorismo nuclear. Utilizando un lenguaje abiertamente bélico, llama a una "contraofensiva" de los gobiernos para atacar y silenciar a cualquiera que se oponga a las vacunas.

Contraofensiva contra las nuevas fuerzas destructivas

Detener la propagación del coronavirus requiere una contraofensiva de alto nivel contra las nuevas fuerzas destructivas", escribe Hotez. Los esfuerzos deben extenderse a las áreas de ciberseguridad, aplicación de la ley, educación pública y relaciones internacionales. Un grupo de trabajo interinstitucional de alto nivel que dependa del secretario general de la ONU podría hacer un balance del impacto global de la agresión antivacunas y proponer medidas duras y equilibradas".

Este grupo de trabajo debería incluir expertos que hayan abordado complejas amenazas globales como el terrorismo, los ciberataques y el armamento nuclear. De hecho, la anticiencia se está acercando a un nivel de amenaza similar. Cada vez está más claro que se necesita una contraofensiva para promover la vacunación".

La policía y el ejército contra los opositores a las vacunas

Hotez habla de "ataques selectivos a científicos" supuestamente cometidos por los antivacunas, pero no cita ni un solo ejemplo concreto. Para detener esta "agresión" ficticia, aboga literalmente por ataques selectivos (armados) contra los antivacunas. De hecho, quiere que el gobierno utilice a la policía y al ejército para hacer frente a los críticos y a los que rechazan las vacunas, en realidad personas que se niegan a participar en estos experimentos de manipulación genética, que, según las estadísticas oficiales de la UE, ya han causado un enorme número de víctimas.

Al hacer este escandaloso llamamiento, Nature, que ya estaba completamente en el bolsillo de la mafia internacional de las vacunas, que ahora está llevando a cabo un monstruoso experimento genocida sobre toda la humanidad con la ayuda de casi todos los gobiernos, ha perdido su credibilidad de una vez por todas.

La violencia brusca contra las personas "equivocadas" vuelve a considerarse correcta

Evidentemente, se vuelve a considerar que la violencia burda contra hombres, mujeres y niños inocentes está bien. Llevamos años advirtiendo del regreso e incluso la superación de los años 30 y 40, y ahora está ocurriendo. Si esto no se detiene, si la gente no se levanta en masa contra este posible peor crimen contra la humanidad de todos los tiempos, va a terminar irremediablemente como en los años 40, es decir, con "instalaciones" en las que se encierra y encierra a las personas "equivocadas" no deseadas para que el resto de la sociedad pueda volver a comportarse de forma "segura".

O lo que es lo mismo: con campos de concentración.

Mientras la gente siga negando que es posible que se repita esta horrible historia, mientras la gente se niegue a afrontar los escalofriantes paralelismos con la

Alemania nazi, las fuerzas globalistas de la vacunación podrán continuar sin obstáculos.

Los rusos lo han vuelto a hacer

Y "por supuesto" también según Hotez "los rusos" están detrás de toda la "desinformación de la vacuna". Entonces olvidamos por un momento que Rusia fue uno de los primeros en desarrollar una vacuna y comenzar a administrarla a su población.

No importa, porque desde el año pasado los medios de comunicación occidentales también se han deshecho definitivamente de su última pizca de fingida independencia y objetividad, e incluso están orgullosos de funcionar como los órganos de propaganda del establishment occidental y del culto globalista de la vacuna climática. Por cierto, hemos estado escribiendo durante años que "los rusos" serán culpados por casi todo, y eso tiene el propósito de conseguir que usted esté de acuerdo -incluso que pida- la planeada Tercera Guerra Mundial contra Rusia, y muy probablemente también contra China.

La humanidad gobernada por monstruos sin escrúpulos

Monstruos sin escrúpulos están al mando de la humanidad, que, mediante la obediencia ciega y la docilidad incondicional, se está convirtiendo ella misma paso a paso en un monstruo igualmente sin escrúpulos.

Todavía no es demasiado tarde, pero queda muy poco tiempo para detener las pruebas y los pasaportes de vacunación obligatorios, seguidos por las pruebas y las vacunas obligatorias, y luego el encarcelamiento y la eventual eliminación de los no vacunados "equivocados" - a los ojos de Hotez los nuevos "terroristas".

Capítulo 12: ¿Golpes asesinos?

Las bajas concentraciones de la proteína de la espiga ya han modificado el sistema respiratorio e inmunológico de las personas vacunadas - Los indicios de que las personas vacunadas pueden ser un peligro para las no vacunadas son cada vez más fuertes -

Un gobierno que se preocupe por su salud suspendería las vacunas de inmediato.

Las críticas a las vacunas Covid-19 también provienen de la ciencia activa establecida.

El Dr. Lee Makowski, director del departamento de bioingeniería de la Universidad del Noreste, advierte en la revista Viruses que cada vez hay más pruebas de que la proteína de la espiga, que produce el cuerpo humano en la instrucción de TODAS las vacunas de la corona, puede causar importantes daños a la salud e incluso la muerte.

Los políticos, los medios de comunicación y organismos como el CDC y la WHF afirman que la proteína de la espiga es "inofensiva" y que las vacunas Covid que hacen que el cuerpo produzca esta proteína son "seguras".

Sin embargo, un número cada vez mayor de científicos en activo están viendo cada vez más evidencias y pruebas de que es justo lo contrario.

"¿Daños, infecciones graves y muertes por estas vacunas?

El título del artículo del Dr. Makowski en la revista Viruses lo dice todo:

"¿Las vacunas Covid, diseñadas para crear inmunidad a la proteína de la espiga, causan en cambio daños, infecciones graves y la muerte?

Los investigadores descubrieron que, incluso en bajas concentraciones, la proteína spike induce cambios genéticos en el tracto respiratorio y afecta directamente a la respuesta del sistema inmunitario a la inflamación y a los virus. De hecho, según el Dr. Makowski, parece que sólo la proteína spike es la responsable de los ahora infames coágulos de sangre, en lugar del (supuesto) virus SARS-CoV-2 en sí.

Si esto es confirmado por más científicos, entonces las vacunas Covid-19 -que independientemente de su modo de acción (ARNm, adenovirus/vector viral, ADN) todas codifican la proteína de la espiga- son aún más peligrosas para la salud humana de lo que los científicos críticos ya sospechaban desde el año pasado.

¿Se están convirtiendo las personas vacunadas en focos de infección ambulantes?

Además, cada vez es más plausible que el Dr. Lee Merritt tenga razón y que la proteína de la espiga producida en las personas vacunadas sea transmisible a otras. En otras palabras, las personas vacunadas se convierten en fábricas ambulantes de picos, y por lo tanto también podrían infectar a las personas no vacunadas con una enfermedad autoinmune dañina y potencialmente mortal.

Los científicos del Instituto Sloan Kettering hacen otra advertencia igual de grave: el ARNm de las vacunas puede hacer que se supriman las proteínas que impiden el desarrollo del cáncer. Así, las vacunas Covid aumentan el riesgo de contraer cáncer.

El Dr. Whelan de la UCLA advirtió a la FDA de los graves daños a la salud

En diciembre de 2020, el Dr. J. Patrick Whelan, de la UCLA, advirtió a la FDA de EE.UU. que la "proteína viral de la espiga que es el objetivo de las importantes vacunas Covid es también una de las principales sustancias que causan daños en órganos más distantes, posiblemente incluyendo el corazón, los pulmones y los riñones".

El Dr. Whelan explicó que no es el virus, sino la proteína de la espiga, la responsable de que algunas personas tengan tantas dificultades para recuperarse de Covid-19, y que a menudo sigan teniendo problemas de salud a largo plazo, incluidos problemas cardíacos.

Esto se debe a que la proteína de la espiga se une a los receptores de la ECA-2 en el corazón, y también en el cerebro y otros órganos como el hígado y los riñones. Esto puede dañar incluso los vasos sanguíneos más pequeños.

Por lo tanto, Whelan ha dejado claro a la FDA que la proteína de la espiga "en" las vacunas causa graves problemas de salud.

Los patólogos y los dentistas también señalan a la proteína de la espiga como culpable

El Dr. Richard Vander Heide, profesor de patología de la Universidad Estatal de Luisiana, realizó autopsias en las muertes de Covid-19 y llegó a la misma conclusión: los coágulos de sangre, de los que están llenos algunos de los fallecidos, están causados por la proteína de la espiga.

Las personas con sobrepeso corren un riesgo especial, ya que suelen padecer una inflamación crónica.

Incluso los dentistas están dando la alarma. Ven que pacientes que antes estaban sanos ahora tienen inflamación de las encías, y creen que la proteína del pico es la culpable.

Pfizer está experimentando incluso con niños, bebés y niños pequeños

Un médico californiano de 40 años especializado en medicina del embarazo describió que la primera dosis de la vacuna de Pfizer en una paciente "mató al feto", provocando que la mujer abortara seis días después.

Mientras tanto, el fabricante de vacunas Pfizer sigue demostrando que ya no tiene límites éticos.

Incluso los niños están siendo utilizados como conejillos de indias para sus "vacunas" experimentales de terapia génica. Un niño de dos años ya ha muerto por esta causa.

Se sabe desde hace años que el ARNm puede ser inhalado

Se sabe desde hace años que el ARNm puede exhalarse e inhalarse y, de este modo, servir de vacuna pasiva. "¿Significa esto que la proteína Covid spike, producida por el cuerpo humano después de haber sido vacunado, puede escapar a través del aliento e infectar a personas no vacunadas?", se pregunta el Dr. Mark Sircus, profesor de oncología natural.

'Es un pensamiento terrible que los lunáticos que crearon el virus con experimentos de "ganancia de función" vayan de la mano de lunáticos similares en la industria farmacéutica que están utilizando su vacuna para propagar las proteínas de la espiga aún más ampliamente en la población humana.'

Un gobierno que se preocupa por tu salud dejaría de vacunar inmediatamente

Me parece obvio que cualquier gobierno que realmente tenga la salud de la gente en el corazón declararía una moratoria en todas las vacunas Covid ahora mismo, al menos hasta que se hayan realizado más investigaciones en todo el mundo, antes de que estas vacunas terminen realmente en una matanza mortal como el mundo nunca ha visto antes.

Sin embargo, lo cierto es lo contrario. El gobierno europeo está trabajando en una serie de enmiendas (constitucionales) que deberían hacer permanente la privación de nuestra libertad y derecho de autodeterminación, así como allanar el camino para la vacunación obligatoria.

Si se llega a esto, probablemente sólo podamos concluir que nuestro propio gobierno se ha declarado el mayor enemigo de la salud pública, y está ayudando a sabiendas a llevar a cabo un potencial genocidio. Sólo podemos esperar que haya suficientes políticos y parlamentarios en Bruselas que (de nuevo) escuchen a su conciencia. Algunos responsables políticos parecen haber perdido definitivamente su capacidad de hacerlo.

Capítulo 13: Supresión del sistema inmunitario

Covid-19 es "principalmente una enfermedad vascular", según los investigadores - Circulation Research: La lesión pulmonar se ve favorecida por la proteína de la espiga - Su sistema inmunitario trabaja contra usted para protegerle de la vacuna.

En una publicación científica, los investigadores del famoso Instituto Salk, fundado por el pionero de las vacunas Jonas Salk, admiten indirectamente que las vacunas Covid inducen coágulos sanguíneos que ponen en peligro la vida y dañan tanto los vasos sanguíneos como el sistema inmunitario.

A principios de esta semana señalamos que cada vez más científicos de renombre opinan que las vacunas son el mayor peligro para la salud humana.

Miles de europeos y estadounidenses ya han pagado con sus vidas, y cientos de miles con su salud, su participación "voluntaria" en el mayor experimento "médico" de la historia.

En Occidente, todas las vacunas Covid programan el cuerpo humano para crear la proteína de la espiga, el elemento más letal del supuesto virus SARS-CoV-2, con el objetivo de blindar a los humanos contra las consecuencias dañinas de la proteína de la espiga.

En pocas palabras, hacemos que su cuerpo fabrique algo dañino para que genere anticuerpos contra ese mismo peligro, pero no tenemos idea de cómo o si este proceso se detendrá alguna vez.

Entonces, ¿por qué no correr el "riesgo" de contraer el virus, que se ha demostrado que no enferma al 99,7% de la población, si es que lo hace? No, en 2021, esa línea de razonamiento racional e históricamente incontrovertible resulta de repente tan anticuada. Ya no podemos confiar en nuestro sistema inmunológico natural y debemos confiar en lo que se administra a través de una jeringa.

La Covid-19 es sobre todo una enfermedad vascular", afirma el investigador.

La industria de la vacunación, los políticos y los medios de comunicación siguen insistiendo en que la proteína de la espiga es segura, pero el Instituto Salk ha establecido ahora que no es así. Por el contrario, los investigadores del Salk y otros colegas científicos advierten en la publicación "La proteína de la espiga del nuevo coronavirus desempeña un papel extra crucial en la enfermedad" que la proteína de la espiga daña las células, "confirmando que el Covid-19 es en gran medida una enfermedad vascular."

¿Otra proteína de punta que se ha cobrado tantas vidas?

Por supuesto, los científicos de Salk tienen prohibido criticar directamente las vacunas. Por eso, según su artículo, la proteína de espiga producida por las vacunas se comporta de forma muy diferente a la producida por el supuesto virus.

Para empezar, esto contradice todas las afirmaciones de los fabricantes de vacunas de que sus vacunas crean la misma proteína de espiga. En segundo lugar, pone en duda la eficacia de las vacunas, porque si la proteína de espiga producida por las vacunas difiere significativamente de la producida por el virus, ¿qué sentido tiene la vacunación (suponiendo, por el momento, que estas "vacunas" diseñadas genéticamente funcionen)?

En el lado positivo, incluso los científicos pro-vacunas aceptan ahora que la proteína del pico es la culpable de un gran número de muertes y de personas que sufren importantes efectos secundarios y daños a la salud a largo plazo, a menudo permanentes. En otras palabras, es una admisión implícita de que las vacunas Covid-19 son potencialmente mortales.

La proteína de la espiga provoca lesiones pulmonares, según una investigación publicada en Circulation Research.

"La proteína de la espiga SARS-Cov-2 perjudica la función endotelial al inhibir la ACE-2", según un estudio científico publicado en Circulation Research. El interior del corazón y los vasos sanguíneos están revestidos de células edoteliales. Al disminuir los receptores de la ECA-2, la proteína spike "favorece la lesión pulmonar". Las células endoteliales de las arterias resultan dañadas y, en consecuencia, el metabolismo se ve alterado.

Los autores de este estudio también estaban a favor de la vacunación, afirmando que los "anticuerpos generados por la vacuna" pueden proteger al cuerpo de la proteína de la espiga. Esencialmente, la proteína de la espiga puede causar un daño significativo a las células vasculares, y el sistema inmunitario puede contrarrestar este daño combatiendo la proteína de la espiga.

El sistema inmunológico está tratando de protegerte CONTRA la vacuna

En otras palabras, el sistema inmunitario humano se esfuerza por defender al paciente de los efectos negativos y las reacciones contrarias de la vacuna para evitar que muera. Cualquiera que sobreviva a la vacuna Covid lo debe a la protección de su propio sistema inmunitario CONTRA la vacuna, no a la vacunación en sí.

'La vacunación es el arma', concluye Mike 'Natural News' Adams. 'Su sistema inmunológico le protege. Todas las vacunas Covid deberían ser retiradas del mercado inmediatamente y reevaluadas por sus efectos negativos a largo plazo basándose únicamente en esta investigación.'

81

Según las estadísticas oficiales del VAERS, el número de muertes relacionadas con las vacunas en Estados Unidos en 2021 será casi un 4000 por ciento más que el número total de muertes relacionadas con las vacunas en 2020.

La santa vacuna no tiene la culpa de un infarto o una hemorragia cerebral.

El siguiente mecanismo ha sido probado científicamente y ya está establecido: las vacunas Covid-19 incitan a su cuerpo a producir la proteína de la espiga, que puede causar daños vasculares y coágulos de sangre, que pueden desplazarse por todo el cuerpo y acabar en varios órganos (corazón, pulmones, cerebro, etc.). A las personas que mueren como consecuencia de esto se les dice que han tenido un "ataque al corazón", un "coágulo de sangre" o una "hemorragia cerebral"; nunca se puede ni se debe culpar a las sacrosantas vacunas, por muchas pruebas que haya hoy en día que demuestren que son las principales razones.

Los vacunados parecen ofrecer un riesgo a los no vacunados, además de la posibilidad de un daño permanente o mortal para su propia salud. Muchos de los "wappies" de la corona que se han vacunado recientemente se han transformado en "fábricas de púas" andantes, y ahora pueden exhalar estas proteínas de las púas. Pueden así infectar a otros a través de este proceso de "desprendimiento".

Las vacunas contra las armas biológicas fueron creadas por la administración del apartheid contra la población negra.

Las vacunas se han utilizado durante mucho tiempo como armas biológicas contra el público en general. El Gobierno del Apartheid de Sudáfrica creó la tecnología subyacente a dicha vacuna "autorreplicante". Los científicos estaban desarrollando vacunas "raciales" en ese momento, con el objetivo de erradicar a gran parte de la población negra.

Este año, la Escuela de Salud Pública Johns Hopkins Bloomberg propuso utilizar una vacuna autorreplicante para "vacunar" automáticamente a toda la población mundial. Posteriormente se utilizarían drones y robots de IA para aplicar y supervisar el programa.

Las personas que todavía están ansiosas por inscribirse en un callejón de vacunas para ser modificadas genéticamente para generar una proteína de punta potencialmente mortal parecen haber sido totalmente engañadas por los medios de comunicación y los políticos del sistema. Han sido insensibilizados ante todas las advertencias y las montañas de pruebas, y no pueden creer que el mundo esté siendo gobernado por monstruos sin escrúpulos que no tienen ningún reparo en cometer el genocidio potencialmente más grande de la historia de la humanidad.

Capítulo 14: Pasaportes y fichas

Una entrevista de 2016 con el alto directivo del FEM Klaus Schwab, en la que predice que "dentro de 10 años" se adoptará una tarjeta sanitaria mundial obligatoria y todo el mundo tendrá implantados microchips, se suma a la prueba de que la edición de Covid-19 se preparó minuciosamente.

Al parecer, Schwab estaba trabajando en un plan hace al menos cinco años para crear un enorme brote de virus y explotarlo para establecer pasaportes sanitarios y vincularlos a pruebas y vacunas obligatorias, todo ello según el enfoque problema-reacción-solución. El objetivo es tener un control total sobre toda la población humana del planeta.

Dentro de 10 años, tendremos microchips implantados", dijo Schwab hace cinco años.

En 2016, un entrevistador francófono le preguntó: "¿Estamos hablando de chips implantables?" "¿Cuándo va a ocurrir?

Por supuesto, en los próximos diez años", dijo Schwab. Empezaremos poniéndolos en la ropa'. Después podemos imaginarnos implantándolos en nuestro cerebro o en nuestra piel'. El capataz del FEM comentó entonces su visión de la "fusión" del hombre y la máquina.

'En el futuro, podremos comunicarnos directamente entre nuestro cerebro y el mundo digital'. Observamos una fusión de los mundos físico, digital y biológico'. En el futuro, la gente sólo tendrá que pensar en alguien para poder comunicarse directamente con él a través de la "nube".

No habrá más personas biológicas con ADN natural en el mundo transhumanista, que finalmente se convertirá en totalmente "digital". La "nube" se utilizará para almacenar los datos de todos.

La humanidad ha comenzado a ser reprogramada genéticamente.

El orden económico actual será destruido por el "Gran Reset" de Schwab ("Build Back Better"). El inminente colapso financiero será aprovechado para lanzar un nuevo sistema global basado únicamente en dinero y transacciones digitales. Este nuevo sistema estará conectado a todo el mundo gracias a la tecnología 5G. A los que se nieguen se les prohibirá "comprar y vender", es decir, la vida social.

A finales de la década de 2020, las "vacunas" de ARNm de Covid-19 comenzaron a programar y manipular genéticamente a la humanidad con el fin de hacerla "apta" para ser primero vinculada, y luego integrada, con este sistema digital global, que, como saben, creo que es el reino bíblico de "la Bestia".

Estas vacunas que alteran los genes tienen el potencial de eliminar tu libre albedrío y tu capacidad de pensar por ti mismo, así como tu deseo y capacidad de conectar con el reino espiritual.

Perspectiva cristiana: La humanidad está apartada de Dios

Desde una perspectiva cristiana, la reprogramación del ADN humano a través de estas vacunas puede verse como el último intento de Satanás de separar permanentemente a la humanidad de Dios. Esta parece ser la verdadera explicación de la advertencia del libro profético de la Biblia, el Apocalipsis, de que los individuos que lleven esta "marca" perecerán.

Esto no es simplemente por un chip y una sucesión de pinchazos; es por lo que esos pinchazos harán a y en ti. Como resultado, Dios será incapaz de salvar a aquellos cuyas mentes (libre albedrío) han sido reprogramadas a la obediencia total ("adoración"). Eso hará necesaria su intervención, porque de lo contrario, la humanidad en su conjunto se perderá para siempre.

Las falsas enseñanzas han cegado a una gran parte del cristianismo.

El aspecto esencial de este artero complot, que ha estado en los trabajos durante mucho tiempo, fue la infiltración del cristianismo con una serie de falsas enseñanzas, con el objetivo de mantener a los creyentes ciegos hasta el final de los tiempos en preparación para el advenimiento y establecimiento del gobierno de la Bestia.

De hecho, entre decenas y cientos de millones de cristianos, sobre todo en Occidente, creen que nunca tendrán que vivir este periodo. Incluso ahora, cuando la implementación de este sistema ha comenzado, la mayoría de la gente se niega a aceptarlo. Con sus puntos de vista a favor de la vacunación, la mayoría de los partidos e iglesias cristianas están cooperando abiertamente en este "Gran Restablecimiento" al dominio de "la Bestia". En términos teológicos, el Vaticano es el conductor más poderoso y convencido de esto.

'¡Pero si nos han engañado!' no es una excusa.

¿Quizás un paralelismo bíblico pueda ayudar a algunos a entenderlo? Génesis 3, el relato de la creación y la 'Caída', tal como se nos cuenta hoy: La serpiente persuadió a Adán y Eva de que no podían 'comer' la 'manzana', en este caso la señal, es decir, que no se la pincharan (prueba de la raíz de 'la señal': charagma = arañar/algo con una aguja = pinchar), pero la serpiente los persuadió de que esta señal no los condenaría, sino que los convertiría en 'dioses'. Después de ser persuadidos por esta falsedad, sus quejas contra Dios ('¡pero si nos han mentido!') fueron inútiles, y murieron lenta y dolorosamente. Podían y debían haberlo sabido, por lo que no tenían justificación.

Aceptar "la señal", según la Biblia, conlleva una consecuencia aún peor: la muerte eterna. Permitir que te modifiquen genéticamente con vacunas de ARNm y que luego te integren en una red digital global, renunciando así a todo el control sobre tu cuerpo y tu libre albedrío, dependerá de cada individuo decidir si el peligro merece la pena.

Capítulo 15: ¿Deuda interminable?

El fraude pandémico ha endeudado a Occidente más que la Segunda Guerra Mundial: el mayor fondo de pensiones de Gran Bretaña (el número 6 del mundo) comunica a los inversores que retirar el dinero puede tardar hasta 95 días y advierte de una probable insolvencia.

El inminente colapso del sistema financiero es el motor secreto de la continuación de las medidas falsas de la pandemia de la corona y de los aterradores acontecimientos en Ucrania. En realidad, este es el mismo problema que existió desde 2008 hasta 2011, ya que sólo se "arregló" con tipos de interés negativos y sumas masivas de nuevo dinero digital, que beneficiaron principalmente a los gobiernos, los accionistas y los grandes actores financieros. Ahora que el FMI ha advertido en un estudio que las deudas de los gobiernos nunca han sido tan altas desde la Segunda Guerra Mundial, esta megacatástrofe, que tendrá efectos de largo alcance para la gente común, podría estallar en cualquier momento.

Llevamos años escribiendo sobre esto, y ahora el FMI advierte que las deudas nacionales nunca han sido tan altas desde la Segunda Guerra Mundial. La crisis de Corona ha sido utilizada como excusa en todo el mundo para crear prácticamente "dinero como agua", porque ahora no vale nada. Sólo en Europa, el importe total asciende a la monstruosa cifra de 130.000 millones de euros, es decir, casi un tercio del total de la deuda nacional hasta 2019.

La nueva Gran Depresión sólo se ha pospuesto.

Si la mitad de la economía no se hubiera puesto a gotear desde el año pasado, actualmente estaríamos en una depresión más profunda que la de los años 30. Entonces, ¿cuál crees que es una buena solución? Intente recordar su primera lección de economía en el instituto, o la pregunta que casi todos los niños han hecho a sus padres en algún momento de su vida: "¿Por qué no ponemos dinero en la fotocopiadora para que siempre tengamos suficiente y podamos comprar copias?". "Riqueza

¿Asumimos que no tenemos que responder a estas preguntas? Si ese es el caso, deberías dejar de leer y volver a los medios de propaganda dominantes, que parecen no tener ni idea de lo que está pasando (y si la tuvieran, no escribirían sobre ello hasta que la crisis sea un hecho consumado e irreversible).

¿Está resuelta la crisis? La deuda de Grecia ya ha alcanzado el 200% del PIB.

El último informe "Fiscal Monitor" del FMI ofrece un panorama desolador: la deuda pública nunca ha sido proporcionalmente tan alta desde el final de la Segunda Guerra Mundial, el conflicto más mortífero jamás librado. ¿Recuerdan la crisis griega, que puso en peligro a toda la eurozona y la UE y que apenas se evitó? La deuda federal de Grecia ascendió al 160% del PIB. El país tuvo que ser "rescatado" con varios paquetes de rescate que sumaban cientos de miles de millones de euros de países como Alemania.

La deuda nacional de Grecia ha aumentado hasta más del 200% del PIB. ¿Qué opinas, ha servido de algo este "rescate"?

Al menos no para el pueblo griego o la economía griega. Simplemente recibieron migajas. Los únicos que se "salvaron" fueron los bancos europeos, a los que el contribuyente europeo "pagó" sus deudas con Grecia de esta manera especialmente engañosa. En los medios de comunicación se nos informó de que habíamos "rescatado" a los griegos, pero en realidad, al igual que en 2008, habíamos salvado a los bancos, precisamente los que nos habían metido en este lío.

Por ejemplo, el número de camas de cuidados intensivos se ha reducido a la mitad, lo que ha dado lugar al nivel per cápita más bajo de Europa. Luego, en 2020, surgió un virus respiratorio similar a la gripe, cuya amenaza se infló a propósito para impulsar todo tipo de restricciones punitivas que restringen la libertad. Lo hacemos por cuidar (después de haberla destrozado primero)". No, "lo hacemos" para preparar a la población para una crisis bancaria.

Hay que volver a rescatar a los bancos.

Estamos en 2021 y hay que salvar a los bancos una vez más. Como hemos dicho anteriormente, los principales bancos sistémicos de Europa, como el Deutsche Bank y la Société Générale, están técnicamente en quiebra. Al mismo tiempo, el mito de la pandemia ha endeudado a los países industrializados más de lo que lo hizo la Segunda Guerra Mundial, y el BCE ha tomado últimamente nuevas medidas que erosionan aún más nuestro poder adquisitivo y nuestra riqueza.

Ya nadie habla de la necesidad de salir de la deuda. Todas las partes -gobiernos y empresas- esperan que los tipos de interés se mantengan en cero o negativos a perpetuidad, y que el dinero siga sin desempeñar ningún papel en el Estado. Un aumento de los tipos de interés es, en efecto, el peor de los casos. Incluso si es menor, forzará rápidamente a dos naciones europeas mucho más endeudadas, Italia y España, a la bancarrota estatal. El rescate está descartado, ya que costaría billones de euros. En consecuencia, el colapso de cualquiera de estos dos países conlleva automáticamente el colapso de la eurozona.

Contribuciones a la reorganización", ¿pero de quién?

Como resultado, el FMI sugiere que las naciones comiencen a imponer "pagos de saneamiento" sobre los ingresos, los activos y las ganancias, un consejo un tanto desconcertante, teniendo en cuenta que sólo un desarrollo económico sólido y sostenido puede potencialmente sacarnos del borde de este desastre sistémico. Si entonces se grava con más dureza al ya de por sí atribulado sector empresarial, sólo se conseguirá el efecto contrario: la crisis se exacerbará e intensificará, cientos de miles de empresas quebrarán y un sinfín de personas perderán sus empleos.

Y no se puede obtener nada más de la gente ya presionada. Los impuestos aún más altos y los recortes aún más profundos llevarán a franjas significativas de las clases pobres y medias a la pobreza más absoluta. Los gobiernos no tienen más remedio que recurrir a una represión financiera draconiana, que perjudicará al ciudadano de a pie, pero sobre todo a los peor pagados y a los más vulnerables. Millones de personas pronto serán incapaces de pagar por sí mismas las facturas de la vivienda/energía y los alimentos. La mayoría de nosotros tendrá que apretarse el cinturón, tanto metafórica como prácticamente.

Algunos analistas predicen una hiperinflación al estilo de Weimar, que agotará por completo nuestro poder adquisitivo. Dadas las actuales circunstancias extremadamente peligrosas para muchos residentes y empresas, incluso una tasa de inflación considerablemente menor, del 3% al 4%, será el golpe definitivo. Los bonos del Estado, los seguros de vida, el dinero de las pensiones y los ahorros no tendrán valor en ningún momento.

La sexta aseguradora del mundo ha lanzado un aviso de "insolvencia".

Las señales de que la crisis del sistema financiero se acerca también son evidentes en el Reino Unido, donde Aviva, la mayor aseguradora/fondo de pensiones del país y la sexta del mundo, ha notificado a sus clientes que podrían tardar hasta 95 días en poder retirar dinero de sus cuentas.

Aún más aterradora es la advertencia directa de que "si un banco, una aseguradora o un fondo de pensiones emplea esa frase, es una señal de dificultades extremadamente importantes y probablemente insuperables".

El oro, la plata y la moneda han sido eliminados del Reino Unido.

Sin explicación alguna, una gran suma de oro, plata y dinero en efectivo fue retirada inesperadamente del Reino Unido y transportada a Qatar recientemente. El Banco de Pagos Internacionales (el banco BIS de Basilea, el "banco central de los bancos centrales") documentó un pago de 1.800 millones de dólares de la Fundación Hillary Clinton al Banco Central de Qatar (QCB).

Las posibles causas varían desde el inminente colapso financiero del Reino Unido hasta un conflicto con Rusia en el que las ciudades británicas podrían ser aniquiladas con armas nucleares.

Los ciudadanos y las empresas no serán dueños de NADA en la zona digital del euro.

Hemos estado advirtiendo durante años que una catástrofe sistémica está en camino, y parece estar casi aquí. Esta catástrofe, que podría ser precipitada por un ciberataque de falsa bandera (¿supuestamente por Rusia?), se utilizaría para impulsar el "Gran Reset", que no es más que la instalación de una tiranía tecnocrática comunista climática-vacuna sin precedentes.

En términos financieros y económicos, esto implica que el euro será totalmente digital, que TODO será propiedad del Estado (incluso tu propio cuerpo), y que los ciudadanos y las empresas estarán para siempre desprovistos de cualquier tipo de propiedad o voz en el asunto. El Foro Económico Mundial también prevé una tasa de desempleo permanente de entre el 35 y el 41 por ciento, así como la implantación de una renta básica que será lo justo para mantener a la gente viva.

¿Quieres el gran reinicio?

Esto es lo que viene, y no puede ser detenido. Incluso si la masa de la gente se despertara en el último minuto y se rebelara contra esto, todavía sería necesario un "Gran Reset", pero de una magnitud completamente diferente a la del FEM y los globalistas en Washington, Bruselas, Londres, París, Berlín, Roma y La Haya. Su reinicio concentra todo el poder y las riquezas en manos de un pequeño club de élite, mientras que el reinicio que realmente necesitamos consigue lo contrario.

El técnicamente insolvente Deutsche Bank ha advertido que el 'Green Deal' de la UE, que pretende posibilitar el 'Great Reset', desencadenará realmente una megacrisis y anunciará la entrada de una ecodictadura que destruiría nuestra actual afluencia.

En cualquier caso, en los últimos años, el pueblo europeo ha votado de forma abrumadora a los partidos que quieren adoptar, y están aplicando actualmente, el Green Deal de la UE y la iniciativa Reset del Foro Económico Mundial (al menos, si los resultados electorales son correctos). Cuando sus falsas promesas y visiones de un paraíso climático tecnocrático resulten haber desencadenado un verdadero infierno en la tierra para casi todo el mundo, mirarse al espejo y preguntarse con desconcierto "¿cómo hemos dejado que esto llegue tan lejos?" será lo único que le quede a este pueblo crédulo y apático con su insufrible mentalidad de esclavo.

Pedimos disculpas por concluir de esta manera, pero a medida que observamos que cada vez más individuos llevan tapabocas incluso al aire libre bajo el sol, simplemente no hay razón para creer que la sobriedad y el sentido común vuelvan a la normalidad. Me preocupa que este oscuro espíritu de miedo social a la muerte y a la locura, cultivado y avivado a propósito, sólo vaya detrás de una gran cantidad de dolor y de pena.

Capítulo 16: ¿No hay más dinero?

La inminente megacrisis financiera será explotada para completar el "Gran Reset" comunista.

Mientras la atención tanto del gobierno como de los medios de comunicación permanece casi totalmente en Corona, en el fondo se están produciendo cambios muy preocupantes en la UE, que probablemente tendrán ramificaciones de gran alcance para nuestro poder económico y adquisitivo a corto y medio plazo. Dado que los tipos de interés de la deuda pública han empezado a subir de nuevo, el BCE comprará más deuda pública en los próximos meses. Además, el sector financiero, técnicamente en quiebra de facto, se encuentra en muchas más dificultades como resultado de la crisis monetaria fabricada. Lo único que mantiene unida a la Comisión Europea es el árbol mágico del dinero del BCE", afirma el experto Alasdair Macleod. Si alguna vez ha asistido a dos clases de economía, debería saber a dónde conduce tal cosa: "El árbol del dinero" SIEMPRE conduce: "Esto es un espectáculo de terror en ciernes".

El REUE es un hecho, tanto política como financieramente.

Los críticos se refieren a veces a la Unión Europea como la URSS, y para 2021, nada de eso es una exageración, sino más bien lo contrario. Desde el punto de vista político, la UE ha funcionado durante mucho tiempo de la misma manera que la antigua Unión Soviética: el Politburó, un club de burócratas no elegidos conocido como la Comisión Europea, determina la política y envía sus "deseos" (=órdenes) al Consejo Europeo de Jefes de Gobierno, que los debate para mostrarlos y luego envía estas órdenes a sus propios países independientes -sólo de nombre-, donde se eligen los parlamentos.

Para mantener la pretensión de una democracia europea, la UE mantiene su propio "parlamento", en el que todos los miembros cobran sueldos exorbitantes, primas y pensiones por participar en este gran espectáculo mientras mantienen el silencio sobre el hecho de que no tienen nada, absolutamente nada que aportar. La única vez que este parlamento pareció tener algún "poder" fue cuando mandó a casa a la Comisión Europea, pero lo más probable es que fuera una puesta en escena, sobre todo en retrospectiva, porque fue en ese momento cuando el pueblo europeo empezó a despertar al carácter y propósito "socialista" (en el sentido marxista) de la UE.

Recientemente, el BCE dio discretamente el siguiente paso hacia la desaparición del euro, del sistema euro/objetivo 2 y de la suya propia. En contra de sus declaraciones anteriores, el banco ha optado por adquirir más bonos del Estado en los próximos meses a medida que los tipos de interés suben a nivel mundial. Si esta tendencia continúa, toda la red de la eurozona quebrará. 'Y esa red es un bocado de manzanas podridas', añade Macleod. 'Es el resultado no sólo de un

sistema roto, sino también de las medidas diseñadas
para evitar que los tipos de interés de España suban en
2012.'

**'Cueste lo que cueste', el euro se 'salva' a costa de los
ciudadanos.**

En su momento, el presidente del BCE, Mario Draghi,
declaró célebremente que rescataría el euro "cueste lo
que cueste". Lo que no dijo es que el coste de ese
"cueste lo que cueste" lo asumirán los ahorradores y los
fondos de pensiones europeos. Debido a la creciente
deuda, la actuación de Christine Lagarde deberá ser
considerablemente mayor que la de su predecesor,
Mario Draghi. En última instancia, todos los europeos
tendrán que pagar un alto precio por ello, en forma de
una importante e irreversible pérdida de poder
adquisitivo y de riqueza. Los brillantes años de
prosperidad de los Estados miembros de la UE están
llegando a su fin.

Lagarde da una patada al mantra de Draghi de "lo que
haga falta". El BCE, que se proclama "independiente"
pero es fundamentalmente una organización política,
siempre ha servido para un propósito: garantizar que el
gasto desenfrenado de los Estados miembros del sur, en
particular, esté siempre cubierto.

Para ello, se ideó un mecanismo inventivo: Sólo Italia y
España deben al sistema del BCE alrededor de 1 billón
de euros. Alemania, Luxemburgo, Finlandia y los Países

Bajos, por su parte, deben alrededor de 1,6 billones de euros en virtud de este sistema, siendo Alemania quien debe la mayor parte (más de 1 billón de euros). (En realidad, el pequeño Luxemburgo puede considerarse un banco disfrazado de Estado independiente, uno de los numerosos trucos empleados por el BCE para que la situación financiera de la UE parezca más favorable).

Los grandes megabancos están técnicamente en quiebra.

Al comprar bonos del Estado, el BCE ya ha acumulado una deuda de 345.000 millones de euros, debido en parte a la financiación clandestina del creciente déficit público de Francia. Francia es ahora uno de los países del PIIGS, aunque esto nunca se reconocerá formalmente porque se considera que Francia es un Estado "sistémicamente importante". Mientras tanto, los pasivos de Francia empiezan a pesar en el sistema del euro, sobre todo porque el megabanco francés Société Générale, así como el Deutsche Bank y el italiano Unicredit, son técnicamente insolventes en términos funcionales.

Lo que las cifras no revelan es que el Bundesbank ya ha comprado miles de millones de euros de deuda pública alemana en nombre del BCE. El desequilibrio cada vez mayor del sistema Target-2 ha surgido como resultado de que Italia, España, Grecia y Portugal, en particular, están cargados con un número cada vez mayor de préstamos "malos", o préstamos que no pueden ni podrán ser devueltos. Como resultado, los sistemas financieros "zombis" de estas naciones tuvieron que ser alimentados permanentemente por el BCE.

Préstamos y activos dudosos

Los préstamos incobrables y otros "activos defectuosos" se transfirieron al sistema del euro (y por tanto, en particular, a Alemania, Finlandia, los Países Bajos y Luxemburgo) durante el "rescate" de Grecia, y posteriormente al sistema Target-2 durante el "rescate" de los bancos italianos, que se ocultó al público. Lo que no se incluye en las cifras es una suma aún mayor de 8,31 billones de euros (posiblemente más de 10 billones de euros) en financiación a corto plazo, que es básicamente inexistente en la eurozona.

En resumen, si tienes un salario medio anual de 36.000 euros, puedes adquirir un préstamo de 1 millón de euros en un banco sin pestañear, y el director del banco te dice entonces: "A ver qué puedes devolver y cuándo...". ¿Qué piensa usted? ¿Podrá este banco sobrevivir durante mucho tiempo? ¿Y puede un banco central que luego mantiene a estos bancos a flote durante años ser capaz de mantener su salud durante mucho tiempo?

Como un grupo de borrachos que intentan levantarse tambaleándose de la cuneta, los valores de las acciones de los bancos europeos han subido junto a los mercados. Sin embargo, sus calificaciones siguen siendo terriblemente bajas", afirma Macleod. La situación se ha deteriorado hasta el punto de que si un gran banco de la eurozona quiebra, todo el sistema caería como un castillo de naipes".

La UE es un Estado que se hunde, y su poder adquisitivo desaparecerá.

La UE está mostrando todas las señas de identidad de un Estado que se desmorona -continúa el analista-. Esto fue más claro en la reacción de la UE al Brexit, que sólo puede definirse como una venganza estúpida e infantil, sin tener en cuenta las desagradables implicaciones para el propio bloque. Además, es poco probable que la UE se libre de los bloqueos este año, lo que significa que todos los países miembros se verán obligados a seguir contrayendo nuevas deudas masivas para mantener sus economías a flote. Los efectos de las políticas altamente perjudiciales serán mucho peores para Europa que para Estados Unidos y China.

Amplios sectores de la economía, especialmente las PYME, están a punto de colapsar. Cuando las tendencias de los mercados de materias primas (petróleo, metales, alimentos, etc.) se combinen con el crecimiento masivo de la masa monetaria, el resultado será una pérdida de poder adquisitivo en todo el mundo. Debido a su propia estructura, políticas y acciones, la UE va totalmente a la zaga del repunte económico de China, que ya está en plena marcha.

Y, como el BCE está a cargo de las finanzas de todo, el problema de la UE comenzará sin duda allí. Sin duda, hará caer la mayor parte del sector financiero... No hará falta un aumento significativo de los tipos de interés para acabar con él'. A continuación, se revela el valor real del "valor" y de los "activos" que los grandes bancos de la eurozona reclaman en sus balances: "básicamente NADA" No es de extrañar que la fuga de capitales de la eurozona haya aumentado. El dinero suele salir de las naciones con políticas terribles y despilfarradoras, y pronto no tendrá ningún valor.

'El sistema está inflado a propósito para llevar a cabo el Great Reset comunista'

Si te preguntas, ¿por qué no hacen algo para evitarlo? Entonces te responderemos: porque, en nuestra opinión, el sistema se está desmontando deliberadamente. Ya se está trabajando en un euro digital que acabará sustituyendo a toda la moneda. Este nuevo sistema de dinero digital se lanzará muy probablemente durante o poco después de la megacrisis financiera que se avecina, y se conectará gradualmente a todo (DNI/pasaporte, tarjeta de débito, tarjeta Covid, etc.). Todas las deudas serán confiscadas, y todos los "activos", todas las propiedades, todos los fondos, de todas las corporaciones y personas, serán transferidos al estado.

El "Gran Reset", o el cambio del otrora exitoso bloque de libre comercio de la C.E.E. en una Unión Soviética

Europea con un régimen tecnocrático y profundamente comunista, se completará entonces. Entonces nuestra prosperidad, así como todas nuestras libertades y pertenencias, serán restauradas. (¡Y usted, como empresario, se alegró mucho cuando el gobierno se comprometió a reembolsarle el 100% de sus gastos fijos! ¿Sinceramente no saben que han caído en una trampa? ¿Que pronto no tendréis nada más que decir con respecto a vuestros propios negocios y a la supervivencia en esta economía controlada)?

Revise los libros de historia para hacerse una idea de lo "agradable" que será la vida para nosotros entonces. Sin embargo, para la inmensa mayoría de la gente, ese llamamiento caerá en saco roto. Votaron aún más a los partidos supuestamente "liberales" que han adoptado durante años políticas de la UE prácticamente neomarxistas.

Para nuestra gran consternación, parece que sólo queda una cosa por hacer para que la gente vuelva a entrar en razón, y es experimentar mucho sufrimiento (de nuevo). Con la esperanza de que nuestros (nietos) supervivientes hayan aprendido de estas duras lecciones y sean capaces y estén dispuestos a construir una sociedad mucho más sana, un mundo en el que los Grandes Bancos, las Grandes Farmacéuticas, las Grandes Tecnologías, los Grandes Ejércitos y el Gran Gobierno, en otras palabras: La Gran Corrupción, no tengan cabida.

Capítulo 17: ¿1921-1922?

El paralelismo entre la Alemania de 1914-1923 y el Occidente de 2010-2021 no tiene fisuras.

¿Se repite la historia en todos los sentidos, pero a una escala aún mayor? Tiene toda la pinta de ser así. Al igual que en las décadas de 1910 y 1920, se han utilizado cantidades inimaginables de dinero creadas de la nada para comprar cantidades masivas de deuda y crear una enorme riqueza, y todo el mundo quiere un trozo del pastel. El jefe de Wall Street, Michael Burry, apodado "Big Short" porque fue el primer inversor en prever la crisis de las hipotecas subprime (2007-2010), advierte que la hiperinflación estallará de repente, como ocurrió en la República de Weimar.

La gente ha dicho que no avisé la última vez", respondió el gestor de fondos de cobertura "Big Short" Burry a la tormenta de reacciones a su predicción de hiperinflación. *Lo hice, pero nadie me escuchó. Así que lo advierto ahora. Y de nuevo, nadie escucha. Pero tendré la prueba de que advertí'.*

Recientemente, Burry tuiteó que la TMM (Teoría Monetaria Moderna, el rumbo comunista de facto que se sigue en la UE desde hace unos 7 años) del gobierno estadounidense 'invita a la inflación'. El gobierno de Biden está gastando billones para mantener la economía y la sociedad 'a flote' en medio de la crisis de la corona, pero logrará lo contrario en cuanto se abran de nuevo poco a poco. Cuando la demanda vuelva a subir, todo ese dinero hará estallar los precios y los costes de los trabajadores, lo que será el comienzo de la inflación, o la hiperinflación, fuera de control.

No podía continuar

El CIO de Bank of America, Michael Hartnett, también compara el "tsunami de estímulos fiscales" y la monetización de la enorme carga de la deuda (que se ha hecho en la UE desde 2014 con recompras masivas de deuda soberana y con tipos de interés negativos, a costa del ahorro, las pensiones y el poder adquisitivo) directamente con la situación de Alemania (la República de Weimar) tras la Primera Guerra Mundial.

Jens Parsson escribió en 1974 que el periodo 1914 - 1923 se caracterizó por "una gran prosperidad, al menos para los que se beneficiaron del 'boom'. Había un ambiente de "no puedo esperar". Los precios eran estables, y la bolsa y los negocios iban bien. El marco alemán incluso llegó a valer inicialmente más que el dólar, y durante un tiempo fue la moneda más fuerte del mundo.

Sin embargo, hubo "grupos simultáneos con la pobreza". Cada vez más personas se quedaban fuera del dinero fácil, y no podían entrar en él. La delincuencia aumentó bruscamente". El hombre común "se desmoralizó", porque el trabajo duro y el ahorro rendían cada vez menos, mientras que otros hacían crecer su dinero desde su holgazanería, y se convertían en ricos pujantes.

Todos querían un trozo del pastel

Casi cualquier forma de empresa, por muy especulativa que sea, ganó dinero. El número de colapsos y quiebras disminuyó. La "selección (económica) natural", por la que las empresas débiles, mal gestionadas y/o no esenciales caen y las más fuertes se mantienen a flote, desapareció.

La especulación se convirtió en una de las actividades más importantes de Alemania. Todo el mundo quería un trozo del pastel, incluidos los ciudadanos de casi todas las clases. Incluso los ascensoristas participaron en las inversiones. No eran la producción, la innovación y los logros los que creaban prosperidad, sino el dinero y la especulación. La bolsa de Berlín literalmente no podía seguir el ritmo de los volúmenes de valores negociados.

1921/22 = 2021/22

Y entonces llegó el golpe, tan repentino como devastador. Todos los marcos que existían en el mundo en 1922 no eran suficientes en noviembre de 1923 para comprar un solo periódico o un billete de tranvía. Esa fue la parte espectacular del colapso, pero la mayor parte de la pérdida real de riqueza (monetaria) había ocurrido mucho antes. Durante estos años, la estructura se construyó silenciosamente para este golpe. El ciclo de inflación alemán no duró uno, sino 9 años: 8 años de crecimiento y sólo 1 año de colapso.

Hay que tener los ojos muy cerrados durante los últimos 10+ años para negar que Burry tiene doblemente razón cuando escribe que este análisis de hace 47 años se aplica sin problemas al periodo 2010 - 2021, en el que los dólares (y los euros) "podrían haber caído del cielo con la misma facilidad... los equipos de gestión se volvieron creativos y asumieron aún más riesgos... y pagaron a los inversores dividendos financiados con deuda, o invirtieron en oportunidades de crecimiento arriesgadas".

Se invitó e instó masivamente a los ciudadanos a que invirtieran su propio dinero, al igual que entonces, porque los precios de las acciones seguirían subiendo de todos modos, al igual que los precios de las viviendas. En los últimos años, el mercado altamente especulativo de las criptomonedas resultó ser el más rentable; algunas personas que entraron pronto se hicieron muy ricas, y pudieron jubilarse antes.

Y de nuevo estamos al borde de una caída sin precedentes

Al igual que en 1921-1922, la mayoría de la gente no se da cuenta de que exactamente un siglo después, gracias a una fiebre especulativa aún peor y a unas políticas fiscales y monetarias insensatas sin precedentes, estamos de nuevo al borde de un enorme y repentino crash, advierte también Burry. La hiperinflación de "Weimar" acabó con toda la prosperidad en muy poco tiempo, excepto la de la "élite" y la de unos pocos actores financieros importantes. Al pueblo le esperaba una amarga pobreza y miseria, que se convirtió en el terreno fértil para el ascenso de los nazis.

Y hay más paralelos escalofriantes. Al igual que en la década de 1930, en nuestra época se ha producido un alarmismo masivo, se ha enfrentado a la gente y se han tomado duras medidas dictatoriales que han acabado con nuestras libertades y muchos de nuestros derechos. Al igual que en los años 40, se realizan experimentos médicos con la gente, pero ahora no sólo en campos cerrados, sino en todo el mundo, con polémicas vacunas, en miles de millones de personas a la vez. Y al igual que en los años 20, la mayoría de la gente no quería oír hablar de crisis; al fin y al cabo, los árboles crecían hasta el cielo, y siempre seguirían haciéndolo.

Sin embargo, los políticos saben desde hace tiempo que la mayor crisis financiera de todos los tiempos es inminente. Para cortar de raíz el pánico masivo y las protestas, se eligió un virus respiratorio común como pretexto para destruir paso a paso las libertades y los derechos de los ciudadanos. Desde el principio escribimos que el toque de queda no tiene nada que ver con la salud y la seguridad públicas, sino todo lo que tiene que ver con la capitalización de esta crisis inminente. ¿Y qué opina usted? Mientras tanto, en La

Haya se especula con la posibilidad de ampliar el toque de queda hasta el mediodía, "si fuera necesario".

¿Existe una vía de escape para este "Gran Reajuste"?

Cuenten con que SÍ será necesario, pero no por una mutación viral, como se volverá a afirmar falsamente, sino para mantener a la gente encerrada en sus medidas y leyes de emergencia cuidadosamente elaboradas, de modo que no puedan rebelarse en masa cuando resulte que casi todo lo que daban por sentado que mantendría su "valor" para siempre -incluyendo su poder adquisitivo, sus hogares, sus empleos, sus inversiones y sus pensiones- ha desaparecido para siempre, y esto se habrá hecho también a propósito, porque lleva a cabo una agenda político-ideológica: el "Gran Reset".

¿Hay una salida, una alternativa? Sí, pero sólo si resistimos pacíficamente negándonos en masa a seguir contribuyendo a nuestra propia desaparición.

Capítulo 18: Hiperinflación

Durante años, nos ha sorprendido que la mayoría de la gente parezca creer que es normal que los bancos centrales sigan creando cantidades inimaginables de dinero de la nada con sólo pulsar un botón para que los gobiernos puedan seguir gastando cantidades masivas de dinero mientras creen que su poder adquisitivo se mantendrá.

Cualquiera que haya tomado dos clases de economía en la escuela secundaria sabe que esto va en contra de todas las leyes financieras y fiscales, y que resultará en una obra de teatro tarde o temprano. Ya casi está aquí: el Banco de América anuncia la HIPERinflación. Esto significa que el valor de la moneda caerá en picado, y los costes de la mayoría de los productos y servicios se dispararán.

Según las estimaciones anuales, el número de empresas estadounidenses que declaran una inflación (elevada) ha aumentado en torno al 800%. Como resultado, Bank of America no puede dejar de notar esto "Como mínimo, sugiere que la hiperinflación 'temporal' está en camino.

Las materias primas (+28%), los precios al consumo (+36%), el transporte (+35%) y los productos manufacturados (+35%) son especialmente vulnerables a la subida de precios. Aunque el BdA cree que seguirá siendo "manejable", la hiperinflación es un proceso que muestra intrínsecamente que algo se está saliendo de control.

Precios exorbitantes

Esto significa, entre otras cosas, que los ciudadanos acabarán pagando bastante más por casi todo a un ritmo creciente. En realidad, podemos observar esta alta inflación encubierta en el aumento de los precios de la propiedad (después de todo, éstos no están asociados a una fuerte recuperación económica, sino a una economía de deuda financiada por el gobierno). Además, cada vez más consumidores se quejan de que sus compras semanales se han encarecido considerablemente en un periodo de tiempo relativamente corto.

El fin de la prosperidad está a la vista.

Por muy deprimente que resulte leerlo, el fin de la opulencia occidental está a la vista. De hecho, la situación en Europa no es diferente a la de Estados Unidos, y en algunos aspectos es mucho peor.

Consideremos las aparentemente interminables deudas soberanas de Italia, Grecia y España, así como de Francia y Bélgica. Además, grandes bancos sistémicos europeos como Deutsche Bank, Société Générale y UniCredit están técnicamente en quiebra.

El Green Deal y el Great Reset

Además, el "Green Deal" de la UE y el "Excellent Reset" del Foro Económico Mundial. El primero hará que la energía, el transporte y los alimentos sean prácticamente inasequibles para millones de personas, mientras que el segundo borrará de forma permanente los pocos vestigios de libertad y autodeterminación que nos quedan, dejando sin trabajo a entre el 35 y el 41 por ciento de las personas, según datos del FEM.

Mientras Occidente se desgarra como consecuencia de la realización de esta distopía climática, China y Rusia ya han empezado a tomarnos el relevo.

Capítulo 19: Despoblación inminente

El MERS-CoV tuvo una tasa de mortalidad del 40% en 2012 - Variante africana convertida en contagiosa para el ser humano mediante ingeniería genética - ¿Repetición de 2020, complementada con pruebas obligatorias y vacunas obligatorias para todos? - Previsible: la política y los medios de comunicación culparán a los no vacunados

Exactamente de acuerdo con el escenario que hemos descrito muchas veces desde el año pasado, las revistas médicas están anunciando la próxima pandemia ahora que el Covid-19 parece estar de salida: MERS-CoV. Por lo tanto, podemos esperar que se repita todo, desde el alarmismo deliberado del año pasado hasta la propaganda de desinformación en los medios de comunicación convencionales y una avalancha en el sistema sanitario, tras lo cual se tomarán medidas "naturales" como nuevos cierres estrictos, complementados con pruebas obligatorias y vacunas obligatorias para todos. Porque, de nuevo, la intención principal de esta pandemia parece ser la de inyectar a todo el mundo otra serie de nuevas vacunas experimentales.

No se equivoquen, esta no será la última vez que el mundo se enfrente a la amenaza de una pandemia", dijo Tedros ante la Asamblea General de la ONU de los ministros de salud de los 194 estados miembros a principios de este año. Es una certeza evolutiva que habrá otro virus con el potencial de ser aún más infeccioso y mortal que éste".

De hecho, ese otro virus podría estar ya llegando. Un equipo internacional de investigadores ha descubierto que el Síndrome Respiratorio de Oriente Medio (MERS) está a pocas mutaciones de convertirse en una grave pandemia. En su artículo, publicado en Proceedings of the National Academy of Sciences, describen su investigación sobre varias variantes del MERS.

El MERS-CoV apareció por primera vez en Arabia Saudí en 2012, y se dice que es especialmente mortal. Alrededor del 40% de los primeros pacientes murieron a causa de sus infecciones, que supuestamente fueron causadas principalmente por dromedarios infectados. Y coincidencia o no, también se encontraron pruebas de que los murciélagos habían infectado a los camellos. Según los investigadores, el 80% de los dromedarios analizados (el 70% vive en África) tienen ahora anticuerpos en la sangre.

La variante africana se hace contagiosa a los humanos mediante ingeniería genética

El brote de MERS-CoV no recibió mucha atención porque no habría contaminación de persona a persona. Los científicos investigaron por qué no se habían infectado muchos más africanos, dadas sus numerosas interacciones con los dromedarios. Allí, el virus circula principalmente en dromedarios de Marruecos, Nigeria,

Etiopía y Burkina Faso. Se recogieron muestras y resultó que las variantes que se dan en Arabia pueden transmitirse fácilmente de persona a persona, pero no las de África.

La diferencia entre las variantes está en los aminoácidos de la proteína S. Al modificar genéticamente la variante africana para que tuviera los mismos aminoácidos "árabes", consiguieron que la variante africana fuera también más infecciosa para las células humanas. La gran pregunta sin respuesta, por supuesto, es: ¿por qué querrías hacer eso? ¿Por qué querrías hacer mucho más infeccioso un virus que es (casi) inofensivo para los humanos, como ocurrió con el coronavirus?

De todos modos, los investigadores creen que la razón de que las variantes de Oriente Medio no hayan mutado todavía para infectar a mucha gente es que el comercio de dromedarios va casi exclusivamente en una dirección, de África a Oriente Medio. Sin embargo, advierten que si ese comercio se invierte en algún momento, o si otro animal también se convierte en portador y se comercia con África, podrían producirse mutaciones que podrían causar una pandemia mortal. (1)

Virus en el top 10 de la OMS

El MERS-CoV es muy similar al SARS-1 y también provoca síntomas respiratorios muy graves. Entre los humanos, sigue teniendo una tasa de mortalidad del

35%. Todavía no hay tratamiento ni vacuna. Desde 2012, más de 2.100 personas se han infectado con el MERS-CoV, de las cuales 813 han muerto. El virus está ahora en el top 10 de la lista de enfermedades emergentes de la OMS que deben ser investigadas con la máxima prioridad (2).

SPARS = MERS-CoV o SARS-3?

A finales del año pasado ya se anunció el posible sucesor de Covid-19: SPARS. En una simulación de la Universidad Johns Hopkins, esta pandemia estalla en 2025 y dura hasta 2028.

'The SPARS pandemic 2025 - 2028; A Futuristic Scenario for Public Health Risk Communicators' (PDF, 2017) fue un simulacro similar al posterior 'Evento 201' de octubre de 2019, en el que se practicaron todos los detalles de la gestión de un brote mundial con un coronavirus que, según las previsiones de trabajo, mataría a 65 millones de personas. Ese 'simulacro', como todos ustedes saben, se hizo realidad en casi todos los aspectos (sólo el número de muertes, afortunadamente, se queda muy atrás (¿todavía?)).

De hecho, un documento del Banco Mundial afirma que el actual "proyecto" denominado "Programa de Preparación y Respuesta Estratégica Covid-19 (SPRP)" durará hasta el 31 de marzo de 2025. Sólo entonces se declarará presumiblemente que el SARS-CoV-2 / Covid-19 ha terminado definitivamente, aunque mientras tanto el Covid también podría ser sucedido por el MERS-CoV.

Después de eso, el sucesor podría empezar a aparecer inmediatamente: SPARS, que es una referencia a la ciudad estadounidense de St.Paul donde este futuro coronavirus surgirá por primera vez según la simulación. Por supuesto, este nuevo virus cambiará de nombre en 2025 o alrededor de esa fecha, y también podría volver a aparecer en Asia, por ejemplo. Sin embargo, también podría convertirse en el SARS-3, que ya está listo en un laboratorio italiano.

Así que no es improbable que el SPARS se convierta realmente en SARS-3 o MERS-CoV. El 2025 era sólo un año ficticio, que bien podría convertirse en el 2023 o antes. La simulación del SPARS también hablaba de una vacuna llamada COROVAX como la solución deseada para detener esta "pandemia", y que se introduciría en el escenario en julio de 2026. Tres años después de este documento de 2017, se estaba desarrollando literalmente una vacuna COROVAX.

Así es como se convencería a los antivacunas

Una notable similitud con el SARS-CoV-2 / Covid-19 es que la ficticia infección por SPARS (/ ¿infección por MERS-CoV o SARS-3?) suele ir seguida de una grave neumonía bacteriológica (pág. 57). También se describe cómo una conocida anti-vaxxer "ve la luz" después de que su hijo pequeño desarrolle una neumonía severa, y se cure sólo después de la administración de la medicación habitual. Las autoridades utilizan historias como ésta para convencer a los opositores a las vacunas.

Sorprendente similitud con 2020-2021: "... varios políticos influyentes y representantes de instituciones fueron objeto de críticas por sensacionalizar la gravedad del suceso para obtener ciertos beneficios políticos... Un amplio movimiento en las redes sociales, liderado principalmente por los padres de los niños afectados, junto con la desconfianza generalizada hacia las "grandes farmacéuticas", apoyó la narrativa de que el desarrollo de las MCM (vacunas) del SPARS era innecesario y estaba impulsado por algunos individuos con ánimo de lucro.'

También apuntó a las "teorías conspirativas" de que este virus también fue creado intencionadamente, y/o desatado deliberadamente sobre la población por el gobierno como un arma biológica (pg. 66). Mientras tanto, los "Archivos Fauci", publicados incluso por los principales medios de comunicación estadounidenses, revelaron que el coronavirus fue calificado internamente como un arma biológica creada deliberadamente ya el 11 de marzo de 2020.

Pronto se culpará directamente a los no vacunados

Los fabricantes de productos farmacéuticos, que han demostrado en el último año lo extremadamente rentable que puede ser vacunar durante una p(l)andemia, están ocupados desarrollando nuevas vacunas. Bloomberg señaló a finales de mayo a GlaxoSmithKline (y a su socio Sanofi), que ya está fabricando la próxima generación de vacunas Covid. Según Roger Connor, jefe de desarrollo de vacunas, ya en junio iba a comenzar un periodo de prueba de una nueva vacuna en más de 37.000 personas.

Teniendo en cuenta las reacciones cada vez más duras, y a menudo chocantes, de la sociedad ante las personas que se niegan a vacunarse contra el Covid-19 (cada vez son más fuertes los llamamientos a la vacunación forzosa, y también se han oído los primeros llamamientos a meter a los que se niegan en campamentos), pensamos que hace tiempo que hemos superado la fase de "convencer" a los antivacunas, y que pronto, si esta próxima pandemia llega de verdad, se pasará directamente a culpar abiertamente a las personas no vacunadas por parte de los políticos y los medios de comunicación.

Supongamos que las vacunas causan efectivamente enormes problemas de salud, como los principales científicos y otros expertos han estado prediciendo durante meses (ver nuestros numerosos artículos sobre este tema). Entonces se producirá una nueva corrida sanitaria y hospitalaria, tras la cual se volverán a tomar duras medidas. En la televisión, los "científicos" aprobados por el complejo farmacéutico-vacunal afirmarán que no se debe a las vacunas, sino a una mutación que pudo surgir gracias a las personas no vacunadas.

Capítulo 20: Escasez de combustible

¿Es esto un ensayo para el próximo gran ciberataque a Occidente?

Según los expertos, el ciberataque al principal oleoducto de combustible de Estados Unidos podría haberse resuelto en cuestión de horas, por lo que tiene toda la pinta de ser una operación de "falsa bandera" diseñada para poner al pueblo estadounidense completamente de rodillas ante la incipiente dictadura comunista de la ONU y el FMI contra el cambio climático. Las primeras gasolineras se han quedado sin combustible, y las que aún lo tienen están subiendo sus precios de forma drástica. El combustible puede ser racionado durante un largo período de tiempo, y una vez que esto ocurra, los alimentos seguirán inevitablemente.

Según un experto en informática, el oleoducto Colonial de Houston (Texas) a Linden (Nueva Jersey) podría haber vuelto a funcionar en cuestión de horas, ya que los equipos dañados podrían haberse sustituido rápidamente, ya que la mayoría de los servidores informáticos de hoy en día son máquinas virtuales (VM). Si sólo se hubiera dañado el software, la interrupción habría durado sólo unos minutos. En consecuencia, el oleoducto contaba con muchas copias de seguridad en todos los sentidos.

Como no se ha anunciado ninguna recuperación hasta el final de la semana, este informático cree que la escasez de gasolina se está produciendo de forma arbitraria. El gasóleo se sigue utilizando en los camiones, pero sólo durante un tiempo limitado. Cuando se detenga hoy o mañana, las tiendas se vaciarán rápidamente, amenazando con el miedo absoluto y el pandemónium. Al cabo de una semana, el país se paralizará, al cabo de dos semanas peligrará el suministro de agua potable y, al cabo de cuatro semanas, se acabará la civilización.

El gobernador de Carolina del Norte ha proclamado el estado de emergencia y ha racionado temporalmente (¿?) la gasolina. Los surtidores de las principales empresas, como Shell y BP, se enfrentan ahora también a problemas de suministro.

¿Se trata de un ensayo general del recientemente anticipado gran ciberataque?

A menos que el gobierno repare el oleoducto en pocos días, la carrera ya iniciada de los últimos restos de gasolina será seguida por una carrera en los supermercados. De hecho, es altamente concebible que esta "falsa bandera" haya sido un ensayo para la masiva crisis cibernética previamente presagiada por el FEM, que es aplastar a todo Occidente -incluyendo Europa- para aplastar los últimos restos de oposición al control comunista de nuestro país.

Por supuesto, se culpará a los rusos de todo, lo cual, como bien saben nuestros lectores, está diseñado para aglutinar a las masas todavía locas detrás de la también planeada Tercera Guerra Mundial contra Rusia (y posiblemente China).

¿Se queja? No, si has votado a favor de este sistema.

Los votantes de los partidos de izquierda y socialistas, en particular, no deberían quejarse, porque estos partidos, como casi todos los partidos de la oposición de izquierda, apoyan abiertamente la agenda del Gran Reset / Reconstruir Mejor / Agenda-21/2030 y han estado haciendo todo lo posible durante muchos años para hacer que este futuro sea una realidad para usted y sus (nietos).

Excepto para ellos mismos, por supuesto, porque, como en todas las dictaduras comunistas y fascistas a lo largo de la historia, la élite del poder se asegurará de que nunca les afecten sus propias leyes de libertad y destrucción de la riqueza.

Capítulo 21: Crisis alimentaria

Europa ha entrado en una amplia crisis sistémica, y Alemania ya culpa a los "ciberataques" (por supuesto, por parte de "los rusos", lo que debería preparar a la población para un conflicto masivo - "La pérdida del 0,025 por ciento de la población mundial no justifica la ruina de la economía global".

El "Gran Reset" de nuestra sociedad segura y acomodada, puesto en marcha a propósito por un virus de las vías respiratorias, se va a sentir con mucha más fuerza. Cada vez son más los indicios que apuntan a que Europa está al borde de una catástrofe alimentaria con precios por las nubes. Mientras tanto, los políticos y los medios de comunicación siguen repartiendo, racionalizando y a veces incluso alabando toda la culpa del sufrimiento que ya se ha producido y está en camino.

El Índice de Precios de los Alimentos (IPCA) de la Organización de las Naciones Unidas para la Alimentación y la Agricultura (FAO) aumentó 2,3 puntos (2,2%) en un mes, hasta alcanzar los 107,5 puntos en diciembre de 2020, lo que supone el séptimo incremento consecutivo. El FFPI se situó en 53,1 puntos en 2002, alcanzó un máximo de 131,9 puntos en 2011 como resultado de la crisis financiera, y luego cayó a algo menos de 100.

Crisis alimentaria, energética y bancaria a la vez

125

Que los gobiernos exploten alteraciones biológicas completamente normales, naturales e inofensivas para la gran mayoría de las personas para prolongar y/o mejorar las medidas de encierro y los límites a la libertad, las líneas de suministro de alimentos experimentarán desafíos similares a los que el sector de la electrónica está experimentando actualmente (gran escasez de microchips).

En Alemania ya se teme la inminente escasez de frutas y verduras. También han encontrado una supuesta causa: los ciberataques, de los que, por supuesto, se culpará a "los rusos". El horrible Foro Económico Mundial de Klaus Schwab, el diabólico cerebro detrás del "Gran Reset", también anticipa ciberataques en el sistema eléctrico y en el sector financiero.

Concepto histórico: culpar a los demás de sus propios actos.

Los alimentos básicos y la energía también se están encareciendo cada vez más, y los graves problemas con las cuentas bancarias y los pagos por Internet deberían tenerle preparado para comprometerse en un conflicto masivo, muy probablemente contra Rusia. En realidad, las interrupciones energéticas serán creadas por el abandono del carbón, el petróleo y el gas, ya que es necesario un cambio a la eólica, la solar y la biomasa, que son poco fiables y caras. Además, la próxima gran crisis bancaria se está gestando desde hace años, y se aprovechará para impulsar un sistema de pagos totalmente digital con un euro digital.

Es un viejo y conocido principio histórico que se ha utilizado mucho: culpa al partido que consideras el adversario de los problemas que has creado, y tendrás su apoyo. Desgraciadamente, ahora poca gente lee los libros de historia, o se niega a aprender de ellos ("esta vez lo haremos mejor", "esta vez las cosas serán diferentes") porque creen que son mucho más brillantes. (¿Cuál es nuestra opinión? Todo lo contrario).

O has estudiado para ello, y has utilizado las estrategias neomarxistas de manipulación y socavación de la sociedad que los gobiernos autoritarios y dictatoriales han utilizado tantas veces antes a tu propio pueblo de una manera excesivamente sofisticada, y que ellos también te lo agradezcan.

"¿Tenían información privilegiada, o se trata de un esquema turbio?

En este sentido, el economista estadounidense Martin Armstrong señala el conocido simulacro de pandemia "Evento 201" de octubre de 2019, en el que todo lo que se hizo a partir de 2020 se discutió, se redactó y se elaboró detalladamente por adelantado, completado con la siembra deliberada del miedo y el pánico por un coronavirus común.

'¿Tenían previsión del futuro, o hay un nefasto complot para bajar la población y el CO2, creando limpiamente una matanza global, como algunos creen ahora? Estas ideas conspirativas suelen surgir cuando hay reuniones secretas y grupos de élite que se creen exaltados por encima de las clases bajas, a las que ven como la "Gran Escoria".

Las teorías de la conspiración, en cambio, hace tiempo que desaparecieron, porque todas estas perversas maquinaciones pueden leerse, oírse y verse abiertamente en las publicaciones de grandes grupos como el FEM. Aunque algunos de ellos, como "En 2030 no poseerás nada y serás feliz", fueron retirados después de causar bastante sensación. Eso no impedirá que los burócratas autoritarios nos impongan a ti y a mí (pero no a ellos mismos) este espantoso futuro en 2030. (pero probablemente mucho antes).

La escasez de alimentos ha provocado un malestar social generalizado (y posiblemente una guerra)

En cualquier caso, la escasez de alimentos y el aumento de los costes son seguros de aquí a 2024. Esto provocará una importante inestabilidad social y política", advierte Armstrong. La mala gestión del gobierno de la UE podría ser su perdición. Después de todo, como resultado de esa mala gestión, muchas personas han perdido su empleo por tener que quedarse en casa durante la crisis, y su poder adquisitivo ha caído en picado al mismo tiempo. Este es el peor escenario, y me hace preguntarme si estos líderes son realmente tan tontos, o simplemente tan astutos".

Creemos en ambos. Enrevesado, porque esta crisis sistémica ha sido planificada a todos los efectos, incluido el control y la dirección total de los principales medios de comunicación, con el objetivo de crear un superestado dictatorial de la UE que será (y ya es) una mezcla tecnocrática del antiguo sistema soviético y de la actual China comunista.

Estúpidos, porque creen que su golpe de estado "Great Reset / Build Back Better / Green New Deal" contra la sociedad libre funcionará a largo plazo, de modo que para 2030, los Bidens de nuestro tiempo habrán cumplido su esperada utopía climática. Evidentemente, estos individuos han perdido el sentido de la realidad, ya que, de lo contrario, deberían darse cuenta de que con un enfoque de "todo o nada", nada de nuestra civilización sobreviviría a más tardar en 2030.

En cualquier caso, Armstrong cree que el mundo no está preparado para una crisis alimentaria, que seguramente se desencadenará si se mantienen las medidas actuales. La escasez será más grave en las grandes ciudades. El elevado IVA y los impuestos en Europa serán el último clavo en el ataúd para muchos. No hace falta que los supermercados estén abastecidos sólo unos días para que cunda el pánico, la anarquía y la violencia.

Según el economista, los especuladores bursátiles serán castigados, pero creemos que un delincuente político, muy probablemente el presidente ruso Vladimir Putin, también estará implicado. Si ese es el caso, es conveniente que antes haya desencadenado un gran conflicto regional en, por ejemplo, Ucrania, y quizá en Oriente Medio. Después de todo, hemos visto lo fácil que es interrumpir las redes de suministro por un solo barco de contenedores (Canal de Suez).

Bill Gates es uno de los más importantes contribuyentes a esta catástrofe.

A continuación, Armstrong ofrece otra "teoría de la conspiración", según la cual Bill Gates es ahora el mayor propietario de tierras agrícolas en Estados Unidos. Cierto o no, se ha demostrado que ha "comprado" la OMS y la tiene en el bolsillo, así como el CDC estadounidense y, probablemente, todas las agencias equivalentes en Europa. Además, tiene acciones en todas las grandes empresas farmacéuticas y es la principal fuerza detrás de la asociación de vacunación GAVI. Así que, aunque Gates será sin duda uno de los contribuyentes más importantes a la catástrofe que durará años, los medios de comunicación occidentales, que él co-controlan, nunca se permitirán publicarlo.

Cientos de miles de explotaciones agrícolas han desaparecido tanto en Estados Unidos como en Europa en la última década, sobre todo debido a los impuestos cada vez más altos y a las normas y la legislación "medioambientales" cada vez más estrictas. Los gobiernos pudieron adquirir enormes extensiones de tierra a costes extremadamente bajos para proyectos como viviendas, energía "sostenible" y "restauración de la naturaleza". Esta prolongada estrategia antiagrícola amenaza con amplificar la catástrofe alimentaria que se avecina.

La pérdida del 0,025% de la población mundial no justifica la ruina de la economía global.

Mientras tanto, hay prisa por vacunar a todo el mundo contra una enfermedad que no es más mortal que la gripe", añadió Armstrong. El número de víctimas mortales de Covid es tan exagerado que nuestros políticos son los más estúpidos o los más mentirosos del planeta. Durante la gripe española murieron 50 millones de personas, lo que representa el 3,125% de la población mundial de entonces (1.600 millones). Ahora hay 7.800 millones de personas en el planeta, y 2 millones de individuos fallecidos representan sólo el 0,02564 por ciento de la misma. Esto no justifica en absoluto el colapso de la economía mundial".

Los Acuerdos de Nuremberg han sido ignorados e incluso anulados.

'Los principales medios de comunicación aplauden descaradamente los cierres y aterrorizan a la población'. Cada vez está más claro que las vacunas no protegen a nadie de contraer el Covid, e incluso pueden ponerlo en mayor peligro si la población es aniquilada por una de las nuevas mutaciones. Mientras tanto, las empresas farmacéuticas están completamente aisladas de la responsabilidad. Todos los líderes internacionales acordaron en Nuremberg prohibir este tipo de experimentos médicos en la población general si aún no se habían probado (o no se habían probado adecuadamente) en animales. Las vacunas que se están administrando ni siquiera han sido probadas en ratas o ratones".

(Esto se debe, en parte, al pensamiento marxista "woke" de extrema izquierda, que ha despojado a las personas de toda espiritualidad superior y las considera nada más que una máquina biológica incapaz de trascender la vida animal. De hecho, al utilizar a los humanos como conejillos de indias en lugar de animales, las personas se sitúan por debajo de los animales. No hace falta decir que esta atroz mentalidad antihumana prepara el camino para un baño de sangre, un genocidio, como el que el mundo nunca ha visto antes y que probablemente nunca volverá a ver (ya que quedaremos muy pocos).

Capítulo 22: ¿La próxima guerra mundial?

La reacción rusa a las provocaciones de los bombarderos estadounidenses no tuvo precedentes: tres submarinos nucleares irrumpieron en el hielo polar al mismo tiempo. Estados Unidos podría ser aniquilado en minutos desde ese punto de vista.

La situación tremendamente preocupante en Ucrania está llegando a los medios de comunicación (alternativos). El analista Tom Luongo afirma ahora que Occidente, con Joe Biden a la cabeza, se está preparando para un enfrentamiento con Rusia en Ucrania, quizá tan pronto como después de la Pascua ortodoxa (2 de mayo). La razón fundamental es que el Kremlin se niega a firmar el plan climático Great Reset 2030 del Foro Económico Mundial, las Naciones Unidas y la Unión Europea. Los políticos occidentales han enloquecido hasta el punto de cometer el error fatal de suponer que el presidente Putin no se atreverá a defender su nación hasta la muerte contra este golpe mundial. Al hacerlo, Washington, Bruselas y La Haya se están poniendo deliberadamente en peligro de que estalle una batalla nuclear a gran escala.

Ahora, el ansiado conflicto contra Rusia amenaza con poner fin a la fantasía europea de un "paraíso climático" en 2030, que, en cualquier caso, acabaría años antes en una espantosa pesadilla llena de pobreza comunista y opresión tecnocrática para el 99% de la población.

¿Quién es el verdadero "asesino sin alma"?

Biden sólo llevaba unos meses como presidente cuando se refirió a Putin como un "asesino sin alma". El presidente ruso respondió con un "hace falta uno para conocer a otro", con su habitual calma y maestría, y luego invitó a Biden a un debate directo.

Por supuesto, Biden declinó, porque el demente Biden, que frecuentemente olvida dónde está y a quién se dirige durante los discursos (ahora hay imágenes que lo muestran con tarjetas en la mano con fotos de "quién es quién", así como un guión completo que tiene que seguir), claramente no es rival para el líder ruso. Los demócratas son muy conscientes de ello, y por eso quieren mantenerlo alejado de la prensa todo lo posible.

'Y luego hubo esa humillante conferencia de prensa el otro día'. ¿Se presenta a la reelección en 2024? Ni siquiera estará vivo en ese momento. Pero, oye, tampoco se presentó en 2020, así que ¿cuál es la diferencia?", se burla Luongo.

Represalias rusas a las provocaciones estadounidenses

En cualquier caso, las relaciones entre las dos superpotencias han sido "espantosas" desde el nombramiento del falso presidente Biden en un llamativo golpe político. Los estadounidenses no están haciendo nada para cambiar esto, de hecho, exactamente lo contrario. Recientemente, Biden envió bombarderos estratégicos B-52 para lanzar un falso ataque a Rusia a través del Polo Norte. Los aviones regresaron a Canadá, pero fue inevitable una respuesta del Kremlin. Tres submarinos nucleares rusos (algo único) atravesaron el hielo polar al mismo tiempo. Desde ese punto de vista, Estados Unidos podría ser aniquilado completamente en quince minutos.

Obama dice que Ucrania es "el proyecto de Biden".

Ucrania es "el proyecto de Biden", declaró Barack Obama. Los Biden están envueltos en la corrupción en Ucrania, como hemos expuesto ampliamente en los últimos años.

Según Luongo, la situación en Ucrania es "mucho más peligrosa" de lo que se nos dice. Ya le hemos dado una posible explicación, y no es muy tranquilizadora: la élite occidental puede tratar de abrumar a la población con un conflicto repentino, presentándolo falsamente como un "ataque sorpresa ruso", al que "por supuesto, debemos responder con prontitud". Es posible que no se le permita examinar lo que realmente está sucediendo, que es que este conflicto sólo está apoyando los intereses de la élite climática del "Gran Reajuste", que debe ser impulsado a expensas del público en general.

La escalada de la guerra en Ucrania es "todo esto y más". La iniciativa de admitir a Ucrania en la OTAN y la

135

UE ha sido durante mucho tiempo un objetivo de neoconservadores como Victoria Nuland y neoliberales como Joe Biden. Es un componente clave de la ambición del Foro Económico Mundial de rodear a Rusia, obstruyendo el objetivo de la integración euroasiática que puede servir de baluarte contra su "mundo feliz".

Occidente desea obligar a Rusia y a China a ajustarse al Gran Reajuste.

Biden ha invitado a Putin y al presidente chino Xi Jinping a una reunión sobre el clima en abril, cuyo orden del día será dictado por el Foro Económico Mundial. Dado que tanto Putin como Xi han declarado que no se comprometerán con el Gran Reajuste y la Agenda 2030, así como con la "Cuarta Revolución Industrial" de Klaus Schwab (en realidad, la Gran Deconstrucción Industrial), esta reunión está destinada a fracasar desde el principio (aunque sin duda se harán algunos comentarios de boquilla, pero después Rusia y China seguirán su camino).

Esta cumbre parece ser una enorme pérdida de tiempo, porque todo el mundo en todo el mundo se verá amenazado con lo que pueden anticipar de Occidente en términos de política - hasta que alguien finalmente ponga a estos individuos lunáticos fuera de su miseria", dijo Luongo. Por ejemplo, el Reino Unido bajo el dictador Boris Johnson está cayendo cada vez más en una pesadilla totalitaria como resultado de Covid-19, mientras que la propaganda antirrusa está alcanzando cotas récord.'

Guerra en el Donbass, potencialmente tan pronto como mañana

Ucrania está "directamente implicada en toda esta mierda del cambio climático". Putin también cree que Biden no permitirá ninguna escalada en Ucrania porque está atado a ella y debe completar el trabajo que comenzó en 2014 con el derrocamiento de (el presidente democráticamente elegido) Viktor Yanukovich. Como resultado, seremos testigos de algo mucho peor que la "campaña de galletas" de Victoria Nuland por la libertad. Tendremos una lucha por el Donbass en breve, muy probablemente poco después de la Pascua ortodoxa y el deshielo del invierno".

Según Luongo, Putin ha hecho tremendos esfuerzos para detener este fatal ciclo descendente, "porque entiende a dónde conduce esto". Será un enfrentamiento en el que Putin tendrá que ver cómo Ucrania lanza una guerra contra la población de habla rusa en el Donbass y Crimea con el apoyo de Occidente, o interferir de cualquier manera, sabiendo que Occidente lo utilizaría instantáneamente para pintarlo como el "agresor".

Occidente se prepara para una escalada; la UE se niega al diálogo desde hace años.

Occidente, según Luongo, no tiene más remedio que escalar, ya que no gana nada con un retorno a la tranquilidad, la paz y la colaboración. Rusia debe ser sometida o destruida para que el Great Reset funcione y Europa siga siendo un actor global importante". Eso implica el control del Mar Negro y la conquista de Crimea".

El ministro de Asuntos Exteriores ruso, Serguéi Lavrov, expresó recientemente su preocupación por el hecho de que la UE no haya mantenido las conexiones diplomáticas con el Kremlin tras la votación de 2014, en la que los habitantes de Crimea declararon de forma casi abrumadora que querían pertenecer a la patria rusa. "La diplomacia entre las grandes naciones prácticamente ha desaparecido". La simple reticencia de Biden a entablar un diálogo abierto con Putin es una gran preocupación.'

El Gran Reajuste se ve obstaculizado por el dominio euroasiático sobre el petróleo y el gas.

Todo, desde la "corona" de medidas totalitarias y opresivas en Occidente, incluyendo la destrucción gradual de las PYMES y de la libertad, está en línea con el "Great Reset" del FEM, que incluye la destrucción total de la economía "fósil" y, con ella, el fin de la seguridad energética y la asequibilidad para los ciudadanos occidentales.

Sin embargo, si la producción de petróleo, gas y carbón continúa bajo el control de Eurasia, las ambiciones megalómanas de los atlantes nunca se harán realidad. No les queda mucho tiempo para imponer su tiranía comunista mundial de las vacunas climáticas, ya que la oposición de la opinión pública occidental a toda la devastación de su sociedad y su futuro crece día a día.

Occidente no tendrá un final alegre de la guerra.

'Si hay un conflicto en el Donbass esta primavera, no tendrá una conclusión agradable en la que Estados Unidos (y Europa) continuarán en el poder en el futuro, sino que será el momento en el que comprendamos que nuestro descenso a la irrelevancia se ha acelerado.'

Con un poco de mala suerte, este deterioro puede incluso desembocar en una batalla nuclear, en la que Rusia (quizás ayudada por China) decida cortar la "cabeza de la serpiente" que ha sido una amenaza cada vez mayor para la existencia de la humanidad durante tanto tiempo. Esto puede incluir un ataque nuclear (limitado) sobre ciudades como Washington, Nueva York, Londres, Bruselas y Roma (el Vaticano), así como Los Ángeles (Hollywood), París, Estrasburgo, Berlín, Frankfurt y La Haya.

Podemos estar seguros de una cosa: si fuera por Vladimir Putin, nunca habríamos llegado a esto. Queda por ver si habrá tiempo suficiente para que el miedo, el ansia de poder y la pura locura que se han apoderado de las ciudades nombradas den paso a una restauración de la razón, la sobriedad y, lo que es más importante, la verdadera preocupación por el bienestar y el futuro de todos los residentes. Desgraciadamente, los presagios para ello apuntan ahora en la otra dirección.

Si China se une, la Tercera Guerra Mundial es un hecho.

Si China se ve envuelta en una gran batalla con Occidente, como una guerra con Taiwán, Japón y Australia podrían ser el objetivo, y podrían estallar las hostilidades entre Corea del Norte y del Sur, India y Pakistán, India y China, Irán y Arabia Saudí, e Irán e Israel. Entonces la Tercera Guerra Mundial será una realidad.

Por el momento, prevemos que la última gran conflagración mundial no se producirá hasta algún momento entre 2025 y 2030. Sin embargo, todo el mundo verá que un conflicto en Ucrania podría hacer caer fácilmente todas las demás fichas de dominó mucho antes.

Capítulo 23: ¿Presión del este?

¿Cómo respondería Estados Unidos al apoyo militar chino para declarar la independencia de Puerto Rico?

Un portavoz del Ministerio de Defensa chino ha exigido en un comunicado oficial que Estados Unidos corte "todos los lazos militares con Taiwán". Estados Unidos ha sido el mayor proveedor de armas de Taiwán durante años. Pekín sigue considerando a la isla como una provincia renegada que debe volver a unirse a China pase lo que pase. Si Estados Unidos se interpone en el camino, "significa la guerra".

La reunificación completa de China es una necesidad histórica, y el gran rejuvenecimiento de la nación china es una tendencia imparable", declaró Ren Guoqiang (foto). Las aspiraciones comunes del pueblo son la paz y la estabilidad en el estrecho de Taiwán. Un 'Taiwán independiente' es un callejón sin salida, y su intento significa la guerra'.

Los chinos exigen que el gobierno de Washington vuelva a apoyar sin concesiones la política de una sola China. Poco después de que el presidente Biden tomara posesión de su cargo, los funcionarios estadounidenses hablaron abiertamente por primera vez de un "Taiwán independiente", algo muy contrario a los deseos de Pekín.

El 15 de junio, hasta 28 aviones de la Fuerza Aérea China, incluidos bombarderos capaces de transportar armas nucleares, penetraron en la zona de defensa aérea de Taiwán. No era en absoluto la primera vez que esto ocurría, pero sí en un número tan elevado.

Ayer, el ministro de Asuntos Exteriores de Taiwán, Joseph Wu, advirtió que el país debe "prepararse" para una posible invasión china. No podemos arriesgarnos... Ahora que el gobierno chino dice que no rechaza el uso de la fuerza, y que está realizando ejercicios militares alrededor de Taiwán, es más probable que creamos que esto es real'.

¿Cómo reaccionaría Estados Unidos ante el apoyo de China a un Puerto Rico independiente?

Desde el punto de vista chino, la situación es más o menos comparable a una declaración ficticia de independencia de la isla caribeña de Puerto Rico, que fue tomada por Estados Unidos en 1898. El gobierno federal de Washington no reconoce esta independencia, por lo que China comienza a armar a la isla.

¿Cómo respondería el régimen de Washington? Dada la historia de Estados Unidos, presumiblemente con la fuerza bruta mucho antes de lo que los chinos podrían hacer ahora con Taiwán.

Sin embargo, creemos que todos los pueblos deben tener derecho a la autodeterminación, es decir, a una verdadera democracia. No los dirigentes, los gobiernos y las instituciones, sino los ciudadanos deberían tener la última palabra. Sin embargo, esto no es así en ninguna parte, y menos en Occidente, donde la democracia ha sido completamente desmantelada y sólo es una farsa para una tecnocracia cada vez más autoritaria.

Capítulo 24: Berlín es un objetivo militar

"En 4 semanas, podría desatarse una guerra mundial en Ucrania cuando Putin envíe 4.000 soldados y tanques a la frontera", titulaba recientemente The Sun, el periódico sensacionalista más famoso de Gran Bretaña.

Cause o no revuelo, el anuncio de que China enviará pronto 5.000 soldados a Irán es extremadamente peligroso. Además, Teherán hizo una demostración de un misil de crucero capaz de alcanzar Berlín, y los mulás garantizaron su apoyo a Rusia en caso de que Ucrania lanzara un ataque frontal contra Crimea y el Donbass, desencadenando una guerra dirigida por la OTAN.

Sólo un "psicoanalista" puede entender los objetivos de Moscú, según el analista militar ruso Pavel Felgenhauer, quien también advirtió que los acontecimientos podrían conducir a una guerra catastrófica en un mes.

Todo el dolor que trajo el golpe de estado en 2014

En 2014, la CIA orquestó un violento golpe de Estado en Ucrania con la ayuda de Estados Unidos y la UE. El presidente del país, elegido democráticamente, fue derrocado y sustituido por una dictadura títere respaldada por Occidente, que lanzó una guerra asesina contra la población de habla rusa del país en el este.

Con el fin de incorporar a Ucrania a la OTAN lo antes posible, se llevó a cabo un muy probable atentado de "falsa bandera" contra un avión de pasajeros (MH17) que volaba de Ámsterdam a Malasia y que fue dirigido deliberadamente por el control del tráfico aéreo ucraniano sobre zonas de guerra.

El principal puerto naval de Rusia en Sebastopol (Crimea) se perdería, y una vez que las bases de la OTAN se erijan en Ucrania, las armas nucleares de Rusia podrían ser destruidas por misiles estadounidenses en un ataque sorpresa en cuestión de minutos, dejando al país indefenso.

China envía 5.000 soldados a Irán, que ha lanzado un misil capaz de alcanzar Berlín.

Sin embargo, se está formando un eje que está harto de los años de racismo y belicismo de Occidente dirigidos por Estados Unidos, así como de todas esas misiones ostensiblemente "de paz y democracia" que han asesinado a millones de personas sólo en este siglo. La República Islámica de Irán, por ejemplo, presentó el sábado pasado un nuevo misil de crucero con un alcance de 3.000 kilómetros capaz de alcanzar Berlín.

Mientras tanto, China ha anunciado importantes gastos de mil millones de dólares en Irán, incluyendo el despliegue de 5.000 soldados y el establecimiento de nuevos puestos militares.

¿Se está apagando definitivamente la ya desaparecida luz de Occidente?

En enero de 2018, la BBC del Reino Unido emitió un informativo simulado sobre el inicio de una guerra entre la OTAN y Rusia, con lanzamiento de armas nucleares al cabo de una hora. La cadena pública alemana emitió un anuncio ficticio similar sobre la Tercera Guerra Mundial con Rusia.

Llámalo alarmismo o programación predictiva, pero una cosa está clara a principios de 2021: en los últimos años, sólo hemos tenido líderes, medios de comunicación e instituciones en Occidente, así como en nuestro propio país, que sólo pueden mentir y engañar fríamente sobre temas importantes, ya sea sobre Rusia, el coronavirus, las vacunas o el clima. La luz, al igual que sus líderes, se ha desvanecido hace tiempo para aquellos que caen en esto con los ojos abiertos y/o a veces incluso piensan que es algo bueno. Peor aún, lo que antes era luz ha sido rebautizado como oscuridad, y lo que era oscuridad ha sido rebautizado como luz.

Rusia, China e Irán están bajo fuego, pero no está claro cuánto tiempo le queda a Occidente para entrar en razón, mirarse al espejo y admitir lo mucho que hemos caído como "civilización" avanzada. Si seguimos al ritmo actual, no serán más de 10 años o así, y si El Sol tiene razón por una vez, no serán más de 10 semanas. Cuando esta catástrofe más probable ocurra, será inesperada para la gran mayoría de nosotros, y totalmente nuestra propia responsabilidad, en nuestra opinión.

Capítulo 25: Occidente contra Rusia

Una "amenaza extremadamente grave para la seguridad nacional" está a un paso de declarar la guerra.

Debido a la "amenaza única y sin precedentes que representa Rusia para la seguridad nacional, la política exterior y la economía de Estados Unidos", el presidente estadounidense Joe Biden ha proclamado el "estado de emergencia nacional". Estados Unidos está expulsando a diez diplomáticos rusos y aplicando nuevas restricciones. Rusia está preparando intensamente su ejército y su flota para un gran conflicto (mundial), que le preocupa -y con razón- que los estadounidenses, cada vez más agresivos, quieran iniciar.

Los únicos que se interpusieron en el camino del "Gran Reset" de los globalistas occidentales fueron Trump y Putin. Trump fue exonerado gracias al mayor fraude electoral de la historia; ahora es el turno de Rusia. Los locos tecnócratas neomarxistas de Estados Unidos y Europa parecían creer que podían ganar una guerra contra Rusia sin causar demasiado daño.

Rusia se está preparando para la guerra.

Como consecuencia, Rusia expulsará a un gran número de diplomáticos estadounidenses. El estrecho de Kerch, que conecta la península de Crimea y el territorio continental ruso, se cerrará a todos los barcos de la marina y de propiedad extranjera a partir de la próxima semana.

El cierre durará hasta octubre y afecta principalmente a las ciudades portuarias ucranianas de Mariupol y Berdyansk.

Cerca de la frontera ucraniana, se vieron vehículos blindados y camiones rusos con las llamadas "rayas de invasión". Se pintan rayas blancas transparentes en los vehículos para protegerlos de ser derribados por sus propios aviones y tanques. Esto parece indicar que Rusia está considerando realmente poner fin a la administración neonazi respaldada por Occidente en Kiev, que, como saben nuestros lectores, lleva años intentando crear una guerra masiva entre la OTAN y Rusia.

Ucrania afirma que más de 110.000 soldados rusos, 330 aviones y 240 helicópteros estarán estacionados a lo largo de su frontera. Kiev alega que Rusia está transfiriendo armas nucleares a Crimea, pero tenemos nuestras dudas. De hecho, Rusia no tiene ninguna obligación de hacerlo; Ucrania podría ser teóricamente aniquilada por armas nucleares lanzadas desde cualquier lugar del planeta.

La mayor parte de la Flota rusa del Pacífico ha regresado a Vladivostok y está siendo debidamente reabastecida allí, según las imágenes de satélite. Al menos un buque de guerra está recibiendo "nuevos" misiles a bordo. Esto sugiere que Rusia espera que cualquier conflicto vaya más allá de Ucrania y llegue al resto del mundo.

Parece que un enfrentamiento militar entre Estados Unidos y Rusia es sólo cuestión de tiempo.

Ahora que el presidente de EE.UU. ha calificado a Rusia de "peligro para la seguridad nacional", y que Biden ha dado la orden de responder a esa "amenaza", el choque militar que Washington y Bruselas han deseado durante mucho tiempo parece ser sólo cuestión de tiempo, potencialmente a pocas semanas de distancia.

El presidente Putin reconoce desde hace tiempo cómo opera Occidente y, por ello, ha rechazado la oferta de una reunión con el vicepresidente Joe Biden. Esto no sería más que la mundialmente conocida diplomacia del chantaje occidental ("queremos la paz, pero sólo en nuestros términos, y si no estáis de acuerdo, nuestras bombas y misiles os seguirán"), que se ha cobrado la vida de millones de personas sólo en las dos últimas décadas.

'Los neoconservadores belicistas están haciendo exactamente lo que tuvieron que dejar de hacer en 2016 cuando la victoria de Trump echó por tierra sus satánicos preparativos de guerra con Rusia... Entonces fueron muchos los que afirmaron que Trump era peligroso', dice Hall Turner, un presentador de radio

149

estadounidense. 'Este medio loco senil va a ser la ruina de todos nosotros', dice Biden.

Es de suponer que no hace falta explicar lo que esto dice sobre el estado mental de los líderes europeos, que se quedaron tan sorprendidos cuando este "medio tonto" belicista consiguió arrancar de la Casa Blanca al Trump que despreciaban, ni parece importarles lo que nos pase a ti, a mí y a cientos de millones de personas.

Capítulo 26: El nuevo "Green Deal"

El 'New Deal' de Ocasio-'Green Cortez' supone 'la extinción de toda la vida en la Tierra' - 'Si se suprimen los combustibles fósiles, se talarán todos los árboles del planeta'

El Dr. Patrick Moore, cofundador de Greenpeace, ha arremetido contra Alexandria Ocasio-Cortez (foto), la nueva favorita de la izquierda "progresista" estadounidense. La 'socialista demócrata' ha propuesto un 'New Deal verde', que costaría decenas de miles de millones de dólares y que, según muchos detractores, devolverá a Estados Unidos a la civilización preindustrial. Moore calificó a Ocasio-Cortez de "hipócrita" y "tonta pomposa" porque ejecutar su exigencia de eliminar progresivamente los combustibles fósiles -algo que la administración europea ya ha empezado a hacer con el cierre del gas natural- provocará "muertes masivas."

Moore abandonó "su" Greenpeace hace años cuando la organización ecologista fue secuestrada desde dentro por anarquistas de extrema izquierda como Ocasio-Cortez.

Todos los vuelos y automóviles deben estar en tierra (excepto los suyos)

El "Green New Deal" propone que Estados Unidos abandone toda dependencia del petróleo, el gas y la energía nuclear. Los trenes deben sustituir al transporte aéreo (incluso a través de los mares), y el 99% de los automóviles deben ser eliminados.

Por supuesto, con la excepción de la clase gobernante, las cosas siguieron su curso normal. Según el New York Post, Ocasio tiene una enorme "huella de carbono", en parte porque su equipo de campaña depende casi por completo de los automóviles normales de gasolina. Voló 66 veces entre mayo de 2017 y diciembre del año pasado, en comparación con solo 18 veces en tren, al que, si por ella fuera, todo el mundo estaría obligado a convertirse.

Los fondos socialistas siguen impulsando la gratuidad de la vivienda.

Además, todas las estructuras de Estados Unidos tendrán que ser modificadas en gran medida o posiblemente reconstruidas para cumplir con las normas climáticas más estrictas. Cortez propone financiar millones de puestos de trabajo en el gobierno por esta razón. Por cierto, quienes no deseen trabajar serán libres de quedarse en casa y ya no tendrán que pagar los costes de la vivienda. ¿Pero quién desearía eso?

¿Cómo pretende "AOC" financiar su utopía verde? Sencillamente, la única manera de pagar sus planes draconianos y enormemente costosos es encender las prensas de dinero. Como "esta vez lo vamos a hacer bien", declaró Cortez en una entrevista anterior, el hecho de que este socialismo haya dado lugar a una pobreza y una miseria generalizadas a lo largo de la historia no debería ser motivo de preocupación.

'Este plan implica la aniquilación de toda la vida'. Brillante'

Según el Green New Deal, todas las emisiones de efecto invernadero deben ser eliminadas del medio ambiente. La respuesta de Moore: 'Técnicamente (científicamente) hablando, esto implica eliminar todo el vapor de agua y todo el CO2, lo que implica erradicar toda la vida'. Brillante".

Si no os gusta el acuerdo, deberíais presentar vuestra propia propuesta audaz para hacer frente a la catástrofe climática mundial", tuiteó después AOC. Hasta entonces, nosotros mandamos, y ustedes simplemente gritan desde las gradas".

El agotamiento de los combustibles fósiles provocará muertes masivas".

Moore replicó: "tonto pomposo". No tienes ninguna estrategia para alimentar a 8.000 millones de personas sin usar combustibles fósiles, ni para llevar comida a las ciudades. ¿Caballos? Si se prohíben los combustibles fósiles, se talarán todos los árboles del planeta para obtener combustible para cocinar y calentarse. Matarán a mucha gente... No eres más que un hipócrita como el

resto, con CERO competencia en cualquier campo en el
que digas tener conocimientos".

"Sufres de ilusiones si crees que los combustibles fósiles
desaparecerán pronto", añadió Moore más tarde en
respuesta a un tuit de otro fanático del clima que decía
que "el fin de los combustibles fósiles es seguro". Quizás
dentro de 500 años. La actitud de AOC es temeraria e
insultante. Es una novata que pretende ser inteligente.
Si su clase está al mando, nos destrozará".

Nuestros otros libros

Consulte nuestros otros libros para ver otras noticias no divulgadas, hechos expuestos y verdades desacreditadas, y mucho más.

Únase al exclusivo Círculo de Medios de Comunicación de Rebel Press.

Todos los viernes recibirás en tu bandeja de entrada nuevas actualizaciones sobre la realidad no denunciada.

Inscríbase hoy aquí:

https://campsite.bio/rebelpressmedia

www.ingramcontent.com/pod-product-compliance
Lightning Source LLC
LaVergne TN
LVHW011014200726
843509LV00011B/1096